Ivan Koesjnir

Economie van West-Europa

Serie "Economie in landen"

eerst gepubliceerd: 2021
laatst bijgewerkt: 2021-02-02

Ivan Koesjnir. Economie van West-Europa. Serie "Economie in landen". - 2021. - 71 pages.

Dit boek over de economie van West-Europa van de jaren 1970 tot de jaren 2010. Brongegevens uit UN Data.

Grootte. In de jaren 2010 was het bruto binnenlands product van West-Europa gelijk aan US$8,9 biljoen per jaar; de waarde van de landbouw was US$99,6 miljard; de waarde van de industrie was US$1,6 biljoen.

Productiviteit. In de jaren 2010 bedroeg het bruto binnenlands product per hoofd van de bevolking $45.957,3, de waarde van de landbouw per hoofd $513,5, de waarde van de industrie per hoofd $8.276,5. Omdat de productiviteit hoger is dan het gemiddelde, wordt de economie geclassificeerd als hoog ontwikkeld.

Groei. In de jaren 2010 bedroeg de groei van het bruto binnenlands product 1,7%; de groei van de landbouw was -0,65%; de groei van de industrie was 2,4%.

Structuur. In de jaren 2010 omvatte de economie van West-Europa: diensten (51,2%), industrie (19,9%), handel (13,2%), transport (9,3%), bouw (5,1%) en landbouw (1,2%).

Uitvoer en invoer. In de jaren 2010 was de uitvoer 10,0% hoger dan de invoer, de netto-uitvoer was gelijk aan 4,5% van het BBP.

Consumptie en reproductie. De houding van reproductie ten opzichte van de consumptie is niet beter dan het mondiale gemiddelde, dus het aandeel van het BBP in de wereld zal niet toenemen.

Serie "Economie in landen": parallel.page.link/nl

ISBN: 9798701856514

Inhoud

Part I. Grootte

	de jaren 2010
BBP	US$8,9 biljoen
Het aandeel in de wereld	11,5%
Het aandeel in Europa	42,5%

Hoofdstuk I. Bruto binnenlands product

Het bruto binnenlands product van West-Europa steeg van US$1,1 biljoen per jaar in de jaren 1970 tot US$8,9 biljoen per jaar in de jaren 2010, dat wil zeggen met US$7,8 biljoen of 8,2 keer. De verandering vond plaats op US$6,6 biljoen als gevolg van een 3,8-voudige stijging van de prijzen, en ook op US$1,1 biljoen als gevolg van een 1,9-voudige toename van de productiviteit , evenals op US$151,9 miljard als gevolg van de toename van de bevolking. De gemiddelde jaarlijkse groei van het bruto binnenlands product is 2,1%. De minimumwaarde van het BBP bedroeg US$470,7 miljard in 1970. De maximumwaarde van het bruto binnenlands product bedroeg US$9,5 biljoen in 2018.

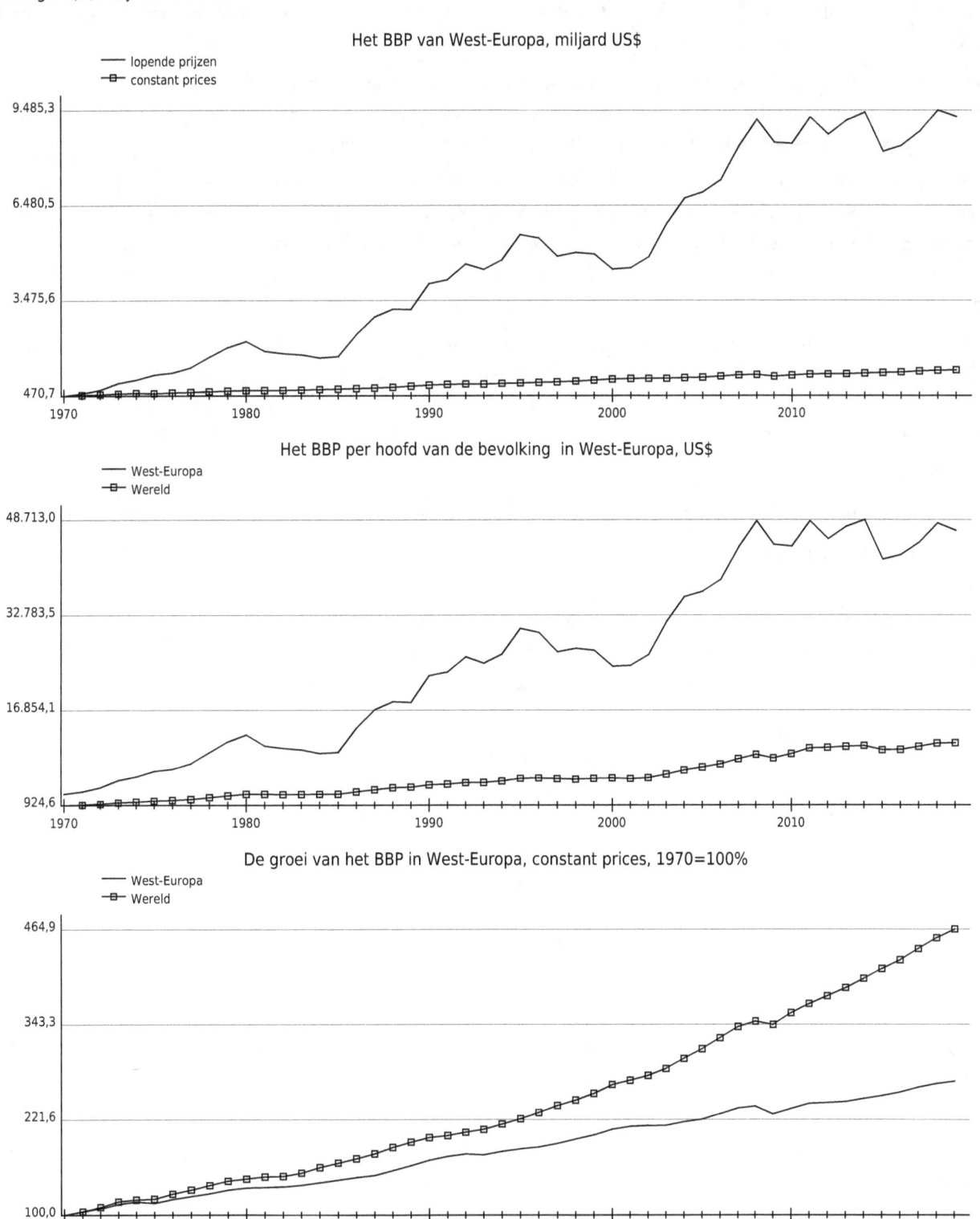

Het BBP van West-Europa, miljard US$

Het BBP per hoofd van de bevolking in West-Europa, US$

De groei van het BBP in West-Europa, constant prices, 1970=100%

de jaren 1970

Het bruto binnenlands product van West-Europa bedroeg in de jaren 1970 US$1,1 biljoen per jaar. Het aandeel in de wereld was 16,5%, en 40,4% in Europa.

Het bruto binnenlands product van West-Europa bestond uit: huishoudelijke uitgaven (55,7%), kapitaalvorming (26,7%) en overheidsuitgaven (19,1%).

Het BBP per hoofd in West-Europa was $6.363,1 in de jaren 1970s, en was vergelijkbaar met Saoedi-Arabië (US$6,3 duizend), België (US$6,5 duizend), Frankrijk (US$6,2 duizend). Het BBP per hoofd in West-Europa was in 3,9 keer hoger dan het bruto binnenlands product per hoofd van de bevolking in de wereld ($1.620,8), en was 72,3% hoger dan het bruto binnenlands product per hoofd van de bevolking in Europa ($1.620,8).

De groei van het BBP in West-Europa bedroeg 3.1% in de jaren 1970, en was vergelijkbaar met de Nederland (3,1%), Liberia (3,1%), Zuidelijk Afrika (3,1%). De groei van het bruto binnenlands product in West-Europa (3,1%) was minder dan de groei van het bruto binnenlands product in de wereld (4,1%), was minder dan de groei van het BBP in Europa (3,6%).

Vergelijking met subregio's. Het BBP van West-Europa was groter dan in Oost-Europa (US$774,0 miljard), in Noord-Europa (US$417,0 miljard) en in Zuid-Europa (US$407,2 miljard). Het bruto binnenlands product per hoofd in West-Europa was in West-Europa groter dan in Noord-Europa (US$5,1 duizend), in Zuid-Europa (US$3,1 duizend) en in Oost-Europa (US$2,3 duizend). De groei van het bruto binnenlands product in West-Europa was groter dan in Noord-Europa (2,8%); maar minder dan in Oost-Europa (5,3%) en in Zuid-Europa (4,1%).

Leiders. Het BBP van West-Europa in de jaren 1970 bestond uit: Duitsland (44,8%), Frankrijk (30,8%), Nederland (9,0%), België (5,9%), Zwitserland (5,6%), en andere (4,0%). Het bruto binnenlands product per hoofd in West-Europa onder de leiders: Zwitserland ($9.630,4), Nederland ($7.143,4), België ($6.507,9), Frankrijk ($6.214,9) en Duitsland ($6.148,9). De groei van het bruto binnenlands product onder de leiders: Frankrijk (3,9%), België (3,2%), Nederland (3,1%), Duitsland (3,1%) en Zwitserland (0,88%).

de jaren 1980

Het BBP van West-Europa bedroeg in de jaren 1980 US$2,3 biljoen per jaar. Het aandeel in de wereld was 15,1%, en 41,9% in Europa.

Het bruto binnenlands product van West-Europa bestond uit: huishoudelijke uitgaven (56,7%), kapitaalvorming (23,8%) en overheidsuitgaven (20,6%).

Het bruto binnenlands product per hoofd in West-Europa was $13.109,1 in de jaren 1980s, en was vergelijkbaar met Koeweit (US$13,1 duizend), Australazië (US$13,1 duizend), de Nederland (US$13,3 duizend). Het bruto binnenlands product per hoofd in West-Europa was in 4,2 keer hoger dan het bruto binnenlands product per hoofd van de bevolking in de wereld ($3.123,4), en was 85,5% hoger dan het bruto binnenlands product per hoofd van de bevolking in Europa ($3.123,4).

De groei van het bruto binnenlands product in West-Europa bedroeg 2.1% in de jaren 1980, en was vergelijkbaar met Mexico (2,1%), Costa Rica (2,1%), de Nederland (2,1%). De groei van het bruto binnenlands product in West-Europa (2,1%) was minder dan de groei van het BBP in de wereld (3,0%), was minder dan de groei van het bruto binnenlands product in Europa (2,5%).

Vergelijking met subregio's. Het bruto binnenlands product van West-Europa was groter dan in Oost-Europa (US$1,1 biljoen), in Noord-Europa (US$1,0 biljoen) en in Zuid-Europa (US$1,0 biljoen). Het BBP per hoofd in West-Europa was in West-Europa groter dan in Noord-Europa (US$12,4 duizend), in Zuid-Europa (US$7,2 duizend) en in Oost-Europa (US$3,0 duizend). De groei van het bruto binnenlands product in West-Europa was minder dan in Oost-Europa (3,3%), in Noord-Europa (2,6%) en in Zuid-Europa (2,4%).

Leiders. Het BBP van West-Europa in de jaren 1980 bestond uit: Duitsland (43,5%), Frankrijk (32,1%), Nederland (8,5%), Zwitserland (6,3%), België (5,2%), en andere (4,5%). Het BBP per hoofd in West-Europa onder de leiders: Zwitserland ($22.179,6), Nederland ($13.285,2), Frankrijk ($12.907,5), Duitsland ($12.688,8) en België ($11.862,5). De groei van het bruto binnenlands product onder de leiders: Frankrijk (2,3%), Zwitserland (2,3%), België (2,1%), Nederland (2,1%) en Duitsland (1,9%).

de jaren 1990

Het bruto binnenlands product van West-Europa bedroeg in de jaren 1990 US$4,8 biljoen per jaar. Het aandeel in de wereld was 16,7%, en 48,8% in Europa.

Het BBP van West-Europa bestond uit: huishoudelijke uitgaven (55,0%), kapitaalvorming (23,4%), overheidsuitgaven (20,1%) en netto-uitvoer (1,5%).

Het bruto binnenlands product per hoofd in West-Europa was $26.378,2 in de jaren 1990s, en was vergelijkbaar met Oostenrijk (US$25,9 duizend), Duitsland (US$27,0 duizend). Het bruto binnenlands product per hoofd in West-Europa was in 5,3 keer hoger dan het bruto binnenlands product per hoofd van de bevolking in de wereld ($5.020,1), en was 95,8% hoger dan het bruto binnenlands product per hoofd van de bevolking in Europa ($5.020,1).

De groei van het BBP in West-Europa bedroeg 2.2% in de jaren 1990, en was vergelijkbaar met Duitsland (2,2%), België (2,2%), Kenia (2,2%). De groei van het bruto binnenlands product in West-Europa (2,2%) was minder dan de groei van het BBP in de wereld (2,8%), was groter dan de groei van het BBP in Europa (1,4%).

Vergelijking met subregio's. Het bruto binnenlands product van West-Europa was groter dan in Zuid-Europa (US$2,1 biljoen), in Noord-Europa (US$2,1 biljoen) en in Oost-Europa (US$784,2 miljard). Het BBP per hoofd in West-Europa was in West-Europa groter dan in Noord-Europa (US$22,8 duizend), in Zuid-Europa (US$14,7 duizend) en in Oost-Europa (US$2,5 duizend). De groei van het bruto binnenlands product in West-Europa was groter dan in Zuid-Europa (1,7%) en in Oost-Europa (-3,8%); maar minder dan in Noord-Europa (2,6%).

Leiders. Het bruto binnenlands product van West-Europa in de jaren 1990 bestond uit: Duitsland (45,6%), Frankrijk (30,0%), Nederland (8,3%), Zwitserland (6,2%), België (5,1%), en andere (4,8%). Het bruto binnenlands product per hoofd in West-Europa onder de leiders: Zwitserland ($42.423,6), Duitsland ($27.003,8), Nederland ($25.606,2), België ($24.203,0) en Frankrijk ($24.100,9). De groei van het BBP onder de leiders: Nederland (3,3%), België (2,2%), Duitsland (2,2%), Frankrijk (2,0%) en Zwitserland (1,2%).

de jaren 2000

Het BBP van West-Europa bedroeg in de jaren 2000 US$6,7 biljoen per jaar. Het aandeel in de wereld was 14,3%, en 43,1% in Europa.

Het bruto binnenlands product van West-Europa bestond uit: huishoudelijke uitgaven (53,9%), kapitaalvorming (22,1%), overheidsuitgaven (20,2%) en netto-uitvoer (3,8%).

Het BBP per hoofd in West-Europa was $35.556,4 in de jaren 2000s, en was vergelijkbaar met Australië (US$35,2 duizend), België (US$34,9 duizend), Japan (US$36,4 duizend). Het bruto binnenlands product per hoofd in West-Europa was in 5,0 keer hoger dan het bruto binnenlands product per hoofd van de bevolking in de wereld ($7.176,3), en was 68,4% hoger dan het bruto binnenlands product per hoofd van de bevolking in Europa ($7.176,3).

De groei van het BBP in West-Europa bedroeg 1.3% in de jaren 2000. De groei van het BBP in West-Europa (1,3%) was minder dan de groei van het BBP in de wereld (3,0%), was minder dan de groei van het BBP in Europa (1,8%).

Vergelijking met subregio's. Het BBP van West-Europa was groter dan in Noord-Europa (US$3,7 biljoen), in Zuid-Europa (US$3,4 biljoen) en in Oost-Europa (US$1,7 biljoen). Het bruto binnenlands product per hoofd in West-Europa was in West-Europa groter dan in Zuid-Europa (US$23,0 duizend) en in Oost-Europa (US$5,5 duizend); maar minder dan in Noord-Europa (US$38,5 duizend). De groei van het bruto binnenlands product in West-Europa was minder dan in Oost-Europa (4,7%), in Noord-Europa (1,9%) en in Zuid-Europa (1,5%).

Leiders. Het BBP van West-Europa in de jaren 2000 bestond uit: Duitsland (41,5%), Frankrijk (31,5%), Nederland (10,0%), Zwitserland (6,2%), België (5,5%), en andere (5,2%). Het BBP per hoofd in West-Europa onder de leiders: Zwitserland ($55.951,5), Nederland ($40.706,0), België ($34.888,8), Duitsland ($33.966,8) en Frankrijk ($33.390,4). De groei van het BBP onder de leiders: Zwitserland (2,0%), België (1,8%), Nederland (1,6%), Frankrijk (1,4%) en Duitsland (0,73%).

de jaren 2010

Het bruto binnenlands product van West-Europa bedroeg in de jaren 2010 US$8,9 biljoen per jaar. Het aandeel in de wereld was 11,5%, en 42,5% in Europa.

Het bruto binnenlands product van West-Europa bestond uit: huishoudelijke uitgaven (52,5%), kapitaalvorming (22,0%), overheidsuitgaven (21,0%) en netto-uitvoer (4,5%).

Het bruto binnenlands product per hoofd in West-Europa was $45.957,3 in de jaren 2010s, en was vergelijkbaar met Noord-Europa (US$46,3 duizend), België (US$45,1 duizend). Het BBP per hoofd in West-Europa was in 4,3 keer hoger dan het bruto binnenlands product per hoofd van de bevolking in de wereld ($10.603,1), en was 63,0% hoger dan het bruto binnenlands product per hoofd van de bevolking in Europa ($10.603,1).

De groei van het bruto binnenlands product in West-Europa bedroeg 1.7% in de jaren 2010, en was vergelijkbaar met Zuid-Afrika (1,7%). De groei van het BBP in West-Europa (1,7%) was minder dan de groei van het BBP in de wereld (3,1%), was groter dan de groei van het bruto binnenlands product in Europa (1,6%).

Vergelijking met subregio's. Het bruto binnenlands product van West-Europa was 87,2% groter dan in Noord-Europa (US$4,8 biljoen), 2,2 keer groter dan in Zuid-Europa (US$4,1 biljoen) en 2,8 keer groter dan in Oost-Europa (US$3,2 biljoen). Het BBP per hoofd in West-Europa was in West-Europa72,0% groter dan in Zuid-Europa (US$26,7 duizend) en 4,2 keer groter dan in Oost-Europa (US$10,9 duizend); maar 0,66% minder dan in Noord-Europa (US$46,3 duizend). De groei van het BBP in West-Europa was groter dan in Zuid-Europa (0,48%); maar minder dan in Oost-Europa (2,3%) en in Noord-Europa (2,1%).

Leiders. Het BBP van West-Europa in de jaren 2010 bestond uit: Duitsland (41,1%), Frankrijk (30,1%), Nederland (9,6%), Zwitserland (7,9%), België (5,7%), en andere (5,6%). Het BBP per hoofd in West-Europa onder de leiders: Zwitserland ($85.483,4), Nederland ($50.644,4), België ($45.099,3), Duitsland ($44.732,1) en Frankrijk ($40.496,4). De groei van het BBP onder de leiders: Zwitserland (2,0%), Duitsland (1,9%), België (1,6%), Nederland (1,4%) en Frankrijk (1,4%).

Hoofdstuk II. Toegevoegde waarde

De toegevoegde waarde van West-Europa steeg van US$984,5 miljard per jaar in de jaren 1970 tot US$8,1 biljoen per jaar in de jaren 2010, dat wil zeggen met US$7,1 biljoen of 8,2 keer. De verandering vond plaats op US$6,0 biljoen als gevolg van een 3,9-voudige stijging van de prijzen, en ook op US$965,1 miljard als gevolg van een 1,9-voudige toename van de productiviteit , evenals op US$138,3 miljard als gevolg van de toename van de bevolking. De gemiddelde jaarlijkse groei van de toegevoegde waarde is 2,0%. De minimumwaarde van de toegevoegde waarde bedroeg US$427,2 miljard in 1970. De maximumwaarde van de toegevoegde waarde bedroeg US$8,6 biljoen in 2018.

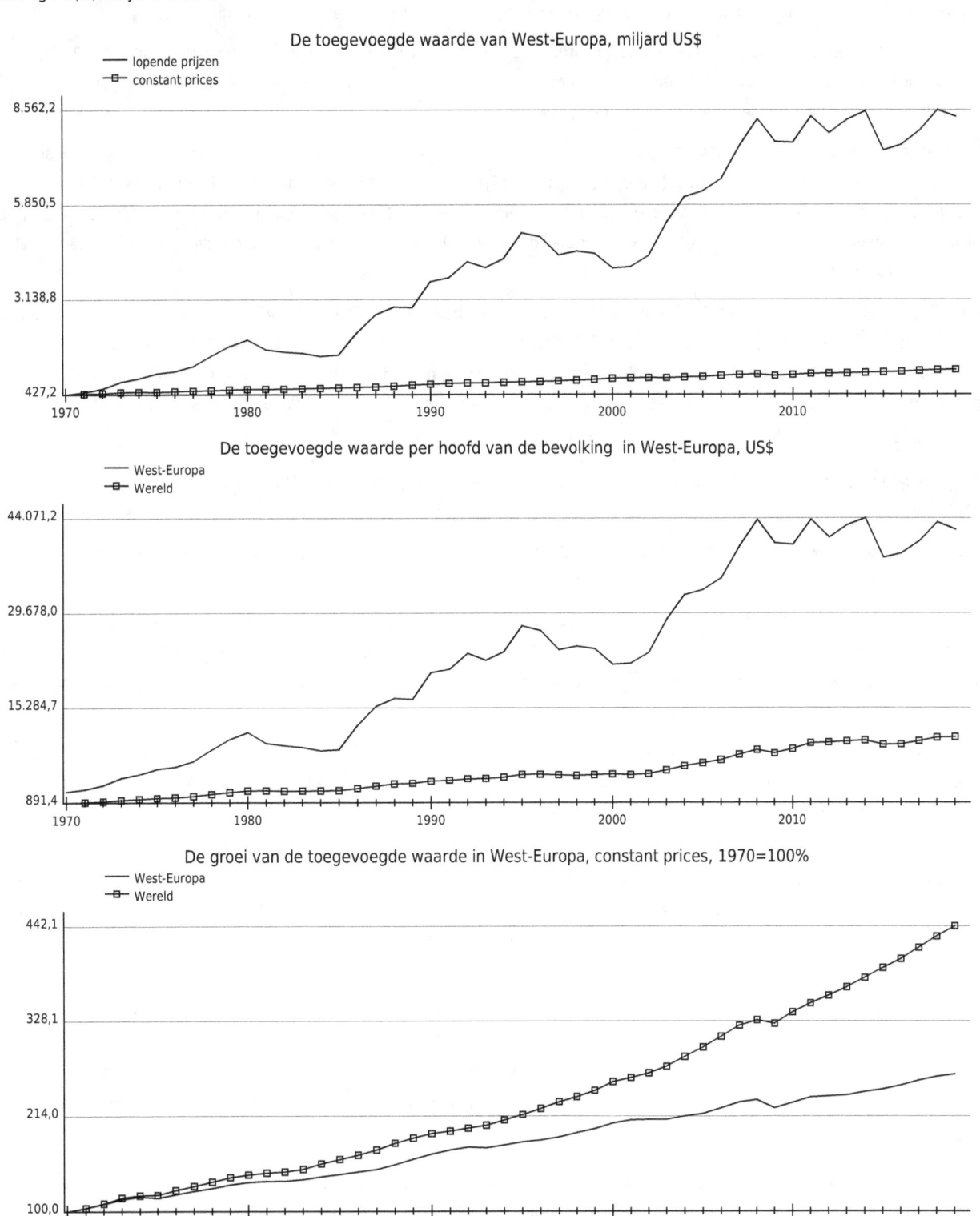

De toegevoegde waarde van West-Europa, miljard US$

De toegevoegde waarde per hoofd van de bevolking in West-Europa, US$

De groei van de toegevoegde waarde in West-Europa, constant prices, 1970=100%

de jaren 1970

De toegevoegde waarde van West-Europa bedroeg in de jaren 1970 US$984,5 miljard per jaar. Het aandeel in de wereld was 15,6%, en 38,7% in Europa.

De totale toegevoegde waarde van West-Europa bestond uit: diensten (36,6%), industrie (30,3%), handel (14,0%), constructie (7,6%), vervoer (7,5%) en landbouw (3,8%).

De toegevoegde waarde per hoofd in West-Europa was $5.791,8 in de jaren 1970s, en was vergelijkbaar met België (US$5,7 duizend). De toegevoegde waarde per hoofd in West-Europa was in 3,7 keer hoger dan de toegevoegde waarde per hoofd van de bevolking in de wereld ($1.564,4), en was 65,2% hoger dan de toegevoegde waarde per hoofd van de bevolking in Europa ($1.564,4).

De groei van de toegevoegde waarde in West-Europa bedroeg 3.1% in de jaren 1970, en was vergelijkbaar met Duitsland (3,1%), Benin (3,1%). De groei van de toegevoegde waarde in West-Europa (3,1%) was minder dan de groei van de toegevoegde waarde in de wereld (3,9%), was minder dan de groei van de toegevoegde waarde in Europa (3,4%).

Vergelijking met subregio's. De toegevoegde waarde van West-Europa was groter dan in Oost-Europa (US$771,7 miljard), in Noord-Europa (US$404,4 miljard) en in Zuid-Europa (US$382,9 miljard). De toegevoegde waarde per hoofd in West-Europa was in West-Europa groter dan in Noord-Europa (US$5,0 duizend), in Zuid-Europa (US$2,9 duizend) en in Oost-Europa (US$2,3 duizend). De groei van de toegevoegde waarde in West-Europa was groter dan in Noord-Europa (2,4%); maar minder dan in Oost-Europa (5,2%) en in Zuid-Europa (3,9%).

Leiders. De toegevoegde waarde van West-Europa in de jaren 1970 bestond uit: Duitsland (45,2%), Frankrijk (30,2%), Nederland (9,0%), Zwitserland (6,1%), België (5,6%), en andere (3,9%). De toegevoegde waarde per hoofd in West-Europa onder de leiders: Zwitserland ($9.620,2), Nederland ($6.500,2), België ($5.670,8), Duitsland ($5.650,3) en Frankrijk ($5.544,4). De groei van de toegevoegde waarde onder de leiders: België (3,7%), Frankrijk (3,7%), Duitsland (3,1%), Nederland (2,9%) en Zwitserland (0,89%).

de jaren 1980

De toegevoegde waarde van West-Europa bedroeg in de jaren 1980 US$2,1 biljoen per jaar. Het aandeel in de wereld was 14,2%, en 40,7% in Europa.

De totale toegevoegde waarde van West-Europa bestond uit: diensten (41,9%), industrie (27,6%), handel (13,6%), vervoer (7,6%), constructie (6,5%) en landbouw (2,7%).

De toegevoegde waarde per hoofd in West-Europa was $11.965,9 in de jaren 1980s, en was vergelijkbaar met Noord-Europa (US$11,8 duizend), Groenland (US$11,7 duizend), de Nederland (US$12,2 duizend). De toegevoegde waarde per hoofd in West-Europa was in 3,9 keer hoger dan de toegevoegde waarde per hoofd van de bevolking in de wereld ($3.029,9), en was 80,0% hoger dan de toegevoegde waarde per hoofd van de bevolking in Europa ($3.029,9).

De groei van de toegevoegde waarde in West-Europa bedroeg 2.1% in de jaren 1980. De groei van de toegevoegde waarde in West-Europa (2,1%) was minder dan de groei van de toegevoegde waarde in de wereld (2,9%), was minder dan de groei van de toegevoegde waarde in Europa (2,6%).

Vergelijking met subregio's. De toegevoegde waarde van West-Europa was groter dan in Oost-Europa (US$1,1 biljoen), in Noord-Europa (US$979,9 miljard) en in Zuid-Europa (US$952,0 miljard). De toegevoegde waarde per hoofd in West-Europa was in West-Europa groter dan in Noord-Europa (US$11,8 duizend), in Zuid-Europa (US$6,7 duizend) en in Oost-Europa (US$3,0 duizend). De groei van de toegevoegde waarde in West-Europa was minder dan in Oost-Europa (3,4%), in Noord-Europa (2,8%) en in Zuid-Europa (2,6%).

Leiders. De toegevoegde waarde van West-Europa in de jaren 1980 bestond uit: Duitsland (43,7%), Frankrijk (31,4%), Nederland (8,5%), Zwitserland (6,9%), België (5,2%), en andere (4,3%). De toegevoegde waarde per hoofd in West-Europa onder de leiders: Zwitserland ($22.155,3), Nederland ($12.226,2), Duitsland ($11.624,4), Frankrijk ($11.516,2) en België ($10.893,3). De groei van de toegevoegde waarde onder de leiders: België (2,6%), Zwitserland (2,5%), Frankrijk (2,2%), Duitsland (2,0%) en Nederland (1,9%).

de jaren 1990

De toegevoegde waarde van West-Europa bedroeg in de jaren 1990 US$4,3 biljoen per jaar, en was vergelijkbaar met Japan (US$4,3 biljoen). Het aandeel in de wereld was 15,8%, en 48,6% in Europa.

De totale toegevoegde waarde van West-Europa bestond uit: diensten (46,5%), industrie (23,8%), handel (13,5%), vervoer (8,3%), constructie (6,0%) en landbouw (1,9%).

De toegevoegde waarde per hoofd in West-Europa was $23.950,5 in de jaren 1990s, en was vergelijkbaar met IJsland (US$24,0 duizend), Duitsland (US$24,5 duizend). De toegevoegde waarde per hoofd in West-Europa was in 5,0 keer hoger dan de toegevoegde waarde per hoofd van de bevolking in de wereld ($4.799,9), en was 95,2% hoger dan de toegevoegde waarde per hoofd van de bevolking in Europa ($4.799,9).

De groei van de toegevoegde waarde in West-Europa bedroeg 2.1% in de jaren 1990, en was vergelijkbaar met Niger (2,0%). De groei van de toegevoegde waarde in West-Europa (2,1%) was minder dan de groei van de toegevoegde waarde in de wereld (2,7%), was groter dan de groei van de toegevoegde waarde in Europa (1,3%).

Vergelijking met subregio's. De toegevoegde waarde van West-Europa was groter dan in Zuid-Europa (US$1,9 biljoen), in Noord-Europa (US$1,9 biljoen) en in Oost-Europa (US$726,1 miljard). De toegevoegde waarde per hoofd in West-Europa was in West-Europa groter dan in Noord-Europa (US$20,8 duizend), in Zuid-Europa (US$13,4 duizend) en in Oost-Europa (US$2,4 duizend). De groei van de toegevoegde waarde in West-Europa was groter dan in Zuid-Europa (1,4%) en in Oost-Europa (-3,7%); maar minder dan in Noord-Europa (2,6%).

Leiders. De toegevoegde waarde van West-Europa in de jaren 1990 bestond uit: Duitsland (45,6%), Frankrijk (29,6%), Nederland (8,3%), Zwitserland (6,7%), België (5,1%), en andere (4,7%). De toegevoegde waarde per hoofd in West-Europa onder de leiders: Zwitserland ($41.826,3), Duitsland ($24.519,7), Nederland ($23.296,5), België ($21.719,1) en Frankrijk ($21.588,1). De groei van de toegevoegde waarde onder de leiders: Nederland (3,0%), België (2,1%), Duitsland (2,1%), Frankrijk (1,8%) en Zwitserland (0,94%).

de jaren 2000

De toegevoegde waarde van West-Europa bedroeg in de jaren 2000 US$6,0 biljoen per jaar. Het aandeel in de wereld was 13,6%, en 43,5% in Europa.

De totale toegevoegde waarde van West-Europa bestond uit: diensten (49,7%), industrie (21,0%), handel (13,5%), vervoer (9,4%), constructie (5,0%) en landbouw (1,4%).

De toegevoegde waarde per hoofd in West-Europa was $32.148,7 in de jaren 2000s, en was vergelijkbaar met Canada (US$32,1 duizend), Australië (US$32,5 duizend), Finland (US$33,0 duizend). De toegevoegde waarde per hoofd in West-Europa was in 4,7 keer hoger dan de toegevoegde waarde per hoofd van de bevolking in de wereld ($6.818,0), en was 69,7% hoger dan de toegevoegde waarde per hoofd van de bevolking in Europa ($6.818,0).

De groei van de toegevoegde waarde in West-Europa bedroeg 1.2% in de jaren 2000. De groei van de toegevoegde waarde in West-Europa (1,2%) was minder dan de groei van de toegevoegde waarde in de wereld (2,9%), was minder dan de groei van de toegevoegde waarde in Europa (1,7%).

Vergelijking met subregio's. De toegevoegde waarde van West-Europa was groter dan in Noord-Europa (US$3,3 biljoen), in Zuid-Europa (US$3,1 biljoen) en in Oost-Europa (US$1,4 biljoen). De toegevoegde waarde per hoofd in West-Europa was in West-Europa groter dan in Zuid-Europa (US$20,7 duizend) en in Oost-Europa (US$4,8 duizend); maar minder dan in Noord-Europa (US$34,4 duizend). De groei van de toegevoegde waarde in West-Europa was minder dan in Oost-Europa (4,4%), in Noord-Europa (1,7%) en in Zuid-Europa (1,5%).

Leiders. De toegevoegde waarde van West-Europa in de jaren 2000 bestond uit: Duitsland (41,6%), Frankrijk (31,3%), Nederland (9,9%), Zwitserland (6,6%), België (5,5%), en andere (5,2%). De toegevoegde waarde per hoofd in West-Europa onder de leiders: Zwitserland ($53.841,5), Nederland ($36.385,2), België ($31.161,6), Duitsland ($30.717,6) en Frankrijk ($30.028,4). De groei van de toegevoegde waarde onder de leiders: Zwitserland (1,8%), België (1,7%), Nederland (1,7%), Frankrijk (1,4%) en Duitsland (0,65%).

de jaren 2010

De toegevoegde waarde van West-Europa bedroeg in de jaren 2010 US$8,1 biljoen per jaar. Het aandeel in de wereld was 10,9%, en 42,9% in Europa.

De totale toegevoegde waarde van West-Europa bestond uit: diensten (51,2%), industrie (19,9%), handel (13,2%), transport (9,3%), bouw (5,1%) en landbouw (1,2%).

De toegevoegde waarde per hoofd in West-Europa was $41.540,7 in de jaren 2010s, en was vergelijkbaar met Finland (US$41,2 duizend), Noord-Europa (US$41,2 duizend), Japan (US$40,7 duizend). De toegevoegde waarde per hoofd in West-Europa was in 4,1 keer hoger dan de toegevoegde waarde per hoofd van de bevolking in de wereld ($10.094,6), en was 64,5% hoger dan de toegevoegde waarde per hoofd van de bevolking in Europa ($10.094,6).

De groei van de toegevoegde waarde in West-Europa bedroeg 1.7% in de jaren 2010, en was vergelijkbaar met Saint Lucia (1,7%), Wit-Rusland (1,7%), Zuid-Afrika (1,7%). De groei van de toegevoegde waarde in West-Europa (1,7%) was minder dan de groei van de toegevoegde waarde in de wereld (3,1%), was groter dan de groei van de toegevoegde waarde in Europa (1,6%).

Vergelijking met subregio's. De toegevoegde waarde van West-Europa was 90,2% groter dan in Noord-Europa (US$4,2 biljoen), 2,2 keer groter dan in Zuid-Europa (US$3,7 biljoen) en 2,8 keer groter dan in Oost-Europa (US$2,8 biljoen). De toegevoegde waarde per hoofd in West-Europa was in West-Europa0,93% groter dan in Noord-Europa (US$41,2 duizend), 73,2% groter dan in Zuid-Europa (US$24,0 duizend) en 4,3 keer groter dan in Oost-Europa (US$9,6 duizend). De groei van de toegevoegde waarde in West-Europa was groter dan in Zuid-Europa (0,50%); maar minder dan in Oost-Europa (2,2%) en in Noord-Europa (2,1%).

Leiders. De toegevoegde waarde van West-Europa in de jaren 2010 bestond uit: Duitsland (41,0%), Frankrijk (29,8%), Nederland (9,6%), Zwitserland (8,5%), België (5,6%), en andere (5,5%). De toegevoegde waarde per hoofd in West-Europa onder de leiders: Zwitserland ($82.805,9), Nederland ($45.499,2), Duitsland ($40.346,4), België ($40.290,0) en Frankrijk ($36.240,0). De groei van de toegevoegde waarde onder de leiders: Zwitserland (2,0%), Duitsland (1,9%), België (1,6%), Nederland (1,5%) en Frankrijk (1,3%).

Hoofdstuk III. Bruto nationaal inkomen

Het bruto nationaal inkomen van West-Europa steeg van US$1,1 biljoen per jaar in de jaren 1970 tot US$9,1 biljoen per jaar in de jaren 2010, dat wil zeggen met US$8,0 biljoen of 8,3 keer. De verandering vond plaats op US$6,7 biljoen als gevolg van een 3,8-voudige stijging van de prijzen, en ook op US$1,1 biljoen als gevolg van een 1,9-voudige toename van de productiviteit , evenals op US$153,1 miljard als gevolg van de toename van de bevolking. De gemiddelde jaarlijkse groei van het BNI is 2,1%. De minimumwaarde van het BNI bedroeg US$474,7 miljard in 1970. De maximumwaarde van het BNI bedroeg US$9,6 biljoen in 2018.

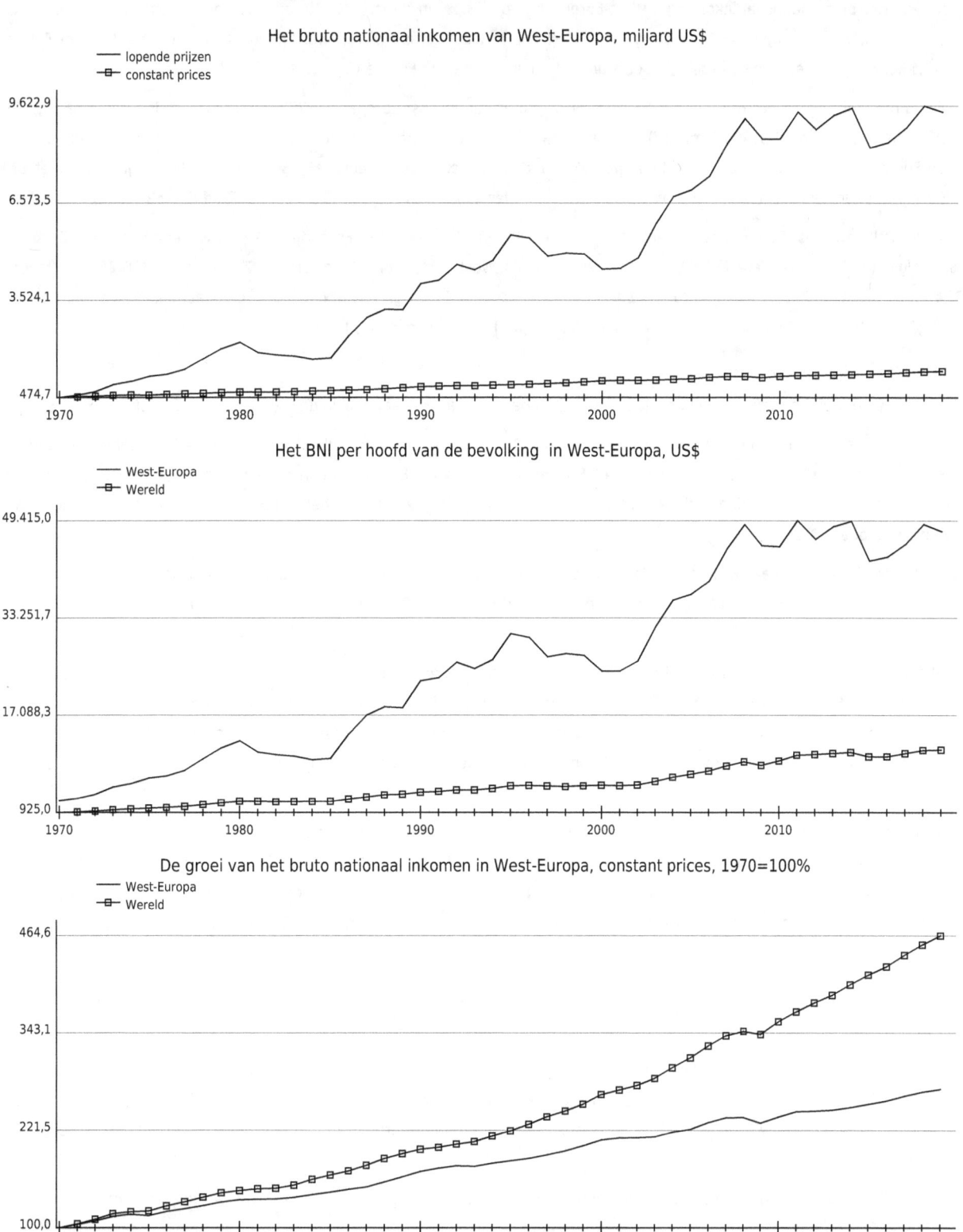

Het bruto nationaal inkomen van West-Europa, miljard US$

Het BNI per hoofd van de bevolking in West-Europa, US$

De groei van het bruto nationaal inkomen in West-Europa, constant prices, 1970=100%

de jaren 1970

Het BNI van West-Europa bedroeg in de jaren 1970 US$1,1 biljoen per jaar. Het aandeel in de wereld was 16,6%, en 40,3% in Europa.

Het bruto nationaal inkomen per hoofd in West-Europa was $6.410,9 in de jaren 1970s, en was vergelijkbaar met Australazië (US$6,6 duizend), België (US$6,6 duizend). Het bruto nationaal inkomen per hoofd in West-Europa was in 3,9 keer hoger dan het bruto nationaal inkomen per hoofd van de bevolking in de wereld ($1.624,3), en was 71,9% hoger dan het bruto nationaal inkomen per hoofd van de bevolking in Europa ($1.624,3).

De groei van het bruto nationaal inkomen in West-Europa bedroeg 3.1% in de jaren 1970, en was vergelijkbaar met Zuidelijk Afrika (3,1%), België (3,1%), Mauritanië (3,1%). De groei van het BNI in West-Europa (3,1%) was minder dan de groei van het BNI in de wereld (4,1%), was minder dan de groei van het bruto nationaal inkomen in Europa (3,6%).

Vergelijking met subregio's. Het BNI van West-Europa was groter dan in Oost-Europa (US$772,0 miljard), in Noord-Europa (US$434,8 miljard) en in Zuid-Europa (US$409,4 miljard). Het bruto nationaal inkomen per hoofd in West-Europa was in West-Europa groter dan in Noord-Europa (US$5,3 duizend), in Zuid-Europa (US$3,1 duizend) en in Oost-Europa (US$2,3 duizend). De groei van het BNI in West-Europa was groter dan in Noord-Europa (2,6%); maar minder dan in Oost-Europa (5,3%) en in Zuid-Europa (4,1%).

Leiders. Het BNI van West-Europa in de jaren 1970 bestond uit: Duitsland (44,6%), Frankrijk (30,7%), Nederland (9,0%), Zwitserland (5,9%), België (5,9%), en andere (3,9%). Het BNI per hoofd in West-Europa onder de leiders: Zwitserland ($10.247,2), Nederland ($7.224,1), België ($6.569,0), Frankrijk ($6.235,1) en Duitsland ($6.174,4). De groei van het bruto nationaal inkomen onder de leiders: Frankrijk (3,9%), België (3,1%), Duitsland (3,0%), Nederland (3,0%) en Zwitserland (0,94%).

de jaren 1980

Het BNI van West-Europa bedroeg in de jaren 1980 US$2,3 biljoen per jaar. Het aandeel in de wereld was 15,2%, en 42,0% in Europa.

Het bruto nationaal inkomen per hoofd in West-Europa was $13.221,5 in de jaren 1980s, en was vergelijkbaar met de Nederland (US$13,3 duizend), Frankrijk (US$13,0 duizend). Het BNI per hoofd in West-Europa was in 4,2 keer hoger dan het bruto nationaal inkomen per hoofd van de bevolking in de wereld ($3.117,1), en was 86,0% hoger dan het bruto nationaal inkomen per hoofd van de bevolking in Europa ($3.117,1).

De groei van het bruto nationaal inkomen in West-Europa bedroeg 2.2% in de jaren 1980. De groei van het bruto nationaal inkomen in West-Europa (2,2%) was minder dan de groei van het BNI in de wereld (3,0%), was minder dan de groei van het bruto nationaal inkomen in Europa (2,4%).

Vergelijking met subregio's. Het bruto nationaal inkomen van West-Europa was groter dan in Oost-Europa (US$1,1 biljoen), in Noord-Europa (US$1,0 biljoen) en in Zuid-Europa (US$1,0 biljoen). Het bruto nationaal inkomen per hoofd in West-Europa was in West-Europa groter dan in Noord-Europa (US$12,7 duizend), in Zuid-Europa (US$7,2 duizend) en in Oost-Europa (US$3,0 duizend). De groei van het bruto nationaal inkomen in West-Europa was minder dan in Oost-Europa (3,3%), in Zuid-Europa (2,4%) en in Noord-Europa (2,3%).

Leiders. Het bruto nationaal inkomen van West-Europa in de jaren 1980 bestond uit: Duitsland (43,5%), Frankrijk (31,9%), Nederland (8,4%), Zwitserland (6,6%), België (5,1%), en andere (4,4%). Het BNI per hoofd in West-Europa onder de leiders: Zwitserland ($23.686,5), Nederland ($13.346,6), Frankrijk ($12.952,6), Duitsland ($12.771,0) en België ($11.879,2). De groei van het bruto nationaal inkomen onder de leiders: Frankrijk (2,3%), Zwitserland (2,2%), België (2,1%), Nederland (2,1%) en Duitsland (2,0%).

de jaren 1990

Het bruto nationaal inkomen van West-Europa bedroeg in de jaren 1990 US$4,8 biljoen per jaar. Het aandeel in de wereld was 16,9%, en 49,2% in Europa.

Het bruto nationaal inkomen per hoofd in West-Europa was $26.535,9 in de jaren 1990s, en was vergelijkbaar met IJsland (US$26,6 duizend), Duitsland (US$27,0 duizend). Het BNI per hoofd in West-Europa was in 5,3 keer hoger dan het bruto nationaal inkomen per hoofd van de bevolking in de wereld ($4.991,4), en was 97,5% hoger dan het bruto nationaal inkomen per hoofd van de bevolking in Europa ($4.991,4).

De groei van het bruto nationaal inkomen in West-Europa bedroeg 2.1% in de jaren 1990, en was vergelijkbaar met Guinee-Bissau (2,1%), Nieuw-Caledonië (2,1%). De groei van het bruto nationaal inkomen in West-Europa (2,1%) was minder dan de groei van het

BNI in de wereld (2,8%), was groter dan de groei van het BNI in Europa (1,3%).

Vergelijking met subregio's. Het BNI van West-Europa was groter dan in Zuid-Europa (US$2,1 biljoen), in Noord-Europa (US$2,1 biljoen) en in Oost-Europa (US$767,1 miljard). Het bruto nationaal inkomen per hoofd in West-Europa was in West-Europa groter dan in Noord-Europa (US$22,6 duizend), in Zuid-Europa (US$14,6 duizend) en in Oost-Europa (US$2,5 duizend). De groei van het bruto nationaal inkomen in West-Europa was groter dan in Zuid-Europa (1,7%) en in Oost-Europa (-4,0%); maar minder dan in Noord-Europa (2,5%).

Leiders. Het BNI van West-Europa in de jaren 1990 bestond uit: Duitsland (45,4%), Frankrijk (30,0%), Nederland (8,3%), Zwitserland (6,4%), België (5,2%), en andere (4,7%). Het bruto nationaal inkomen per hoofd in West-Europa onder de leiders: Zwitserland ($44.221,2), Duitsland ($27.004,0), Nederland ($25.741,0), België ($24.643,2) en Frankrijk ($24.286,5). De groei van het bruto nationaal inkomen onder de leiders: Nederland (3,4%), België (2,4%), Frankrijk (2,2%), Duitsland (2,0%) en Zwitserland (1,1%).

de jaren 2000

Het BNI van West-Europa bedroeg in de jaren 2000 US$6,7 biljoen per jaar. Het aandeel in de wereld was 14,4%, en 43,6% in Europa.

Het BNI per hoofd in West-Europa was $35.905,0 in de jaren 2000s, en was vergelijkbaar met Koeweit (US$36,3 duizend), België (US$35,5 duizend). Het BNI per hoofd in West-Europa was in 5,0 keer hoger dan het bruto nationaal inkomen per hoofd van de bevolking in de wereld ($7.165,2), en was 70,4% hoger dan het bruto nationaal inkomen per hoofd van de bevolking in Europa ($7.165,2).

De groei van het BNI in West-Europa bedroeg 1.3% in de jaren 2000. De groei van het bruto nationaal inkomen in West-Europa (1,3%) was minder dan de groei van het BNI in de wereld (3,0%), was minder dan de groei van het BNI in Europa (1,8%).

Vergelijking met subregio's. Het bruto nationaal inkomen van West-Europa was groter dan in Noord-Europa (US$3,7 biljoen), in Zuid-Europa (US$3,4 biljoen) en in Oost-Europa (US$1,6 biljoen). Het bruto nationaal inkomen per hoofd in West-Europa was in West-Europa groter dan in Zuid-Europa (US$22,8 duizend) en in Oost-Europa (US$5,4 duizend); maar minder dan in Noord-Europa (US$38,4 duizend). De groei van het bruto nationaal inkomen in West-Europa was minder dan in Oost-Europa (4,7%), in Noord-Europa (1,9%) en in Zuid-Europa (1,4%).

Leiders. Het bruto nationaal inkomen van West-Europa in de jaren 2000 bestond uit: Duitsland (41,4%), Frankrijk (31,8%), Nederland (9,8%), Zwitserland (6,3%), België (5,6%), en andere (5,1%). Het bruto nationaal inkomen per hoofd in West-Europa onder de leiders: Zwitserland ($57.592,5), Nederland ($40.550,7), België ($35.504,2), Duitsland ($34.189,0) en Frankrijk ($33.992,0). De groei van het BNI onder de leiders: België (1,7%), Zwitserland (1,6%), Frankrijk (1,5%), Nederland (1,4%) en Duitsland (1,0%).

de jaren 2010

Het bruto nationaal inkomen van West-Europa bedroeg in de jaren 2010 US$9,1 biljoen per jaar. Het aandeel in de wereld was 11,6%, en 43,2% in Europa.

Het BNI per hoofd in West-Europa was $46.699,6 in de jaren 2010s, en was vergelijkbaar met Canada (US$47,0 duizend), Groenland (US$47,2 duizend), Duitsland (US$45,8 duizend). Het bruto nationaal inkomen per hoofd in West-Europa was in 4,4 keer hoger dan het bruto nationaal inkomen per hoofd van de bevolking in de wereld ($10.611,7), en was 65,9% hoger dan het bruto nationaal inkomen per hoofd van de bevolking in Europa ($10.611,7).

De groei van het BNI in West-Europa bedroeg 1.7% in de jaren 2010, en was vergelijkbaar met Wit-Rusland (1,7%). De groei van het BNI in West-Europa (1,7%) was minder dan de groei van het BNI in de wereld (3,1%), was groter dan de groei van het bruto nationaal inkomen in Europa (1,6%).

Vergelijking met subregio's. Het BNI van West-Europa was 92,8% groter dan in Noord-Europa (US$4,7 biljoen), 2,2 keer groter dan in Zuid-Europa (US$4,1 biljoen) en 2,9 keer groter dan in Oost-Europa (US$3,1 biljoen). Het BNI per hoofd in West-Europa was in West-Europa 2,3% groter dan in Noord-Europa (US$45,6 duizend), 75,4% groter dan in Zuid-Europa (US$26,6 duizend) en 4,4 keer groter dan in Oost-Europa (US$10,6 duizend). De groei van het BNI in West-Europa was groter dan in Zuid-Europa (0,61%); maar minder dan in Oost-Europa (2,4%) en in Noord-Europa (2,0%).

Leiders. Het bruto nationaal inkomen van West-Europa in de jaren 2010 bestond uit: Duitsland (41,4%), Frankrijk (30,3%), Nederland (9,5%), Zwitserland (7,8%), België (5,7%), en andere (5,2%). Het bruto nationaal inkomen per hoofd in West-Europa onder de leiders: Zwitserland ($86.265,8), Nederland ($50.930,8), Duitsland ($45.801,3), België ($45.700,8) en Frankrijk ($41.404,4). De groei van het

BNI onder de leiders: Duitsland (2,0%), Zwitserland (1,9%), Nederland (1,6%), België (1,4%) en Frankrijk (1,4%).

Part II. Structuur

	de jaren 2010
landbouw	1,2%
industrie	19,9%
constructie	5,1%
handel	13,2%
vervoer	9,3%
diensten	51,2%

Hoofdstuk IV. Landbouw

Landbouw, jacht, bosbouw, vissen (ISIC A-B)

De landbouw van West-Europa steeg van US$37,7 miljard per jaar in de jaren 1970 tot US$99,6 miljard per jaar in de jaren 2010, dat wil zeggen met US$61,8 miljard of 2,6 keer. De verandering vond plaats op US$44,0 miljard als gevolg van een 1,8-voudige stijging van de prijzen, en ook op US$12,5 miljard als gevolg van een 1,3-voudige toename van de productiviteit , evenals op US$5,3 miljard als gevolg van de toename van de bevolking. De gemiddelde jaarlijkse groei van de landbouw is 0,95%. De minimumwaarde van de landbouw bedroeg US$20,8 miljard in 1970. De maximumwaarde van de landbouw bedroeg US$110,0 miljard in 2011.

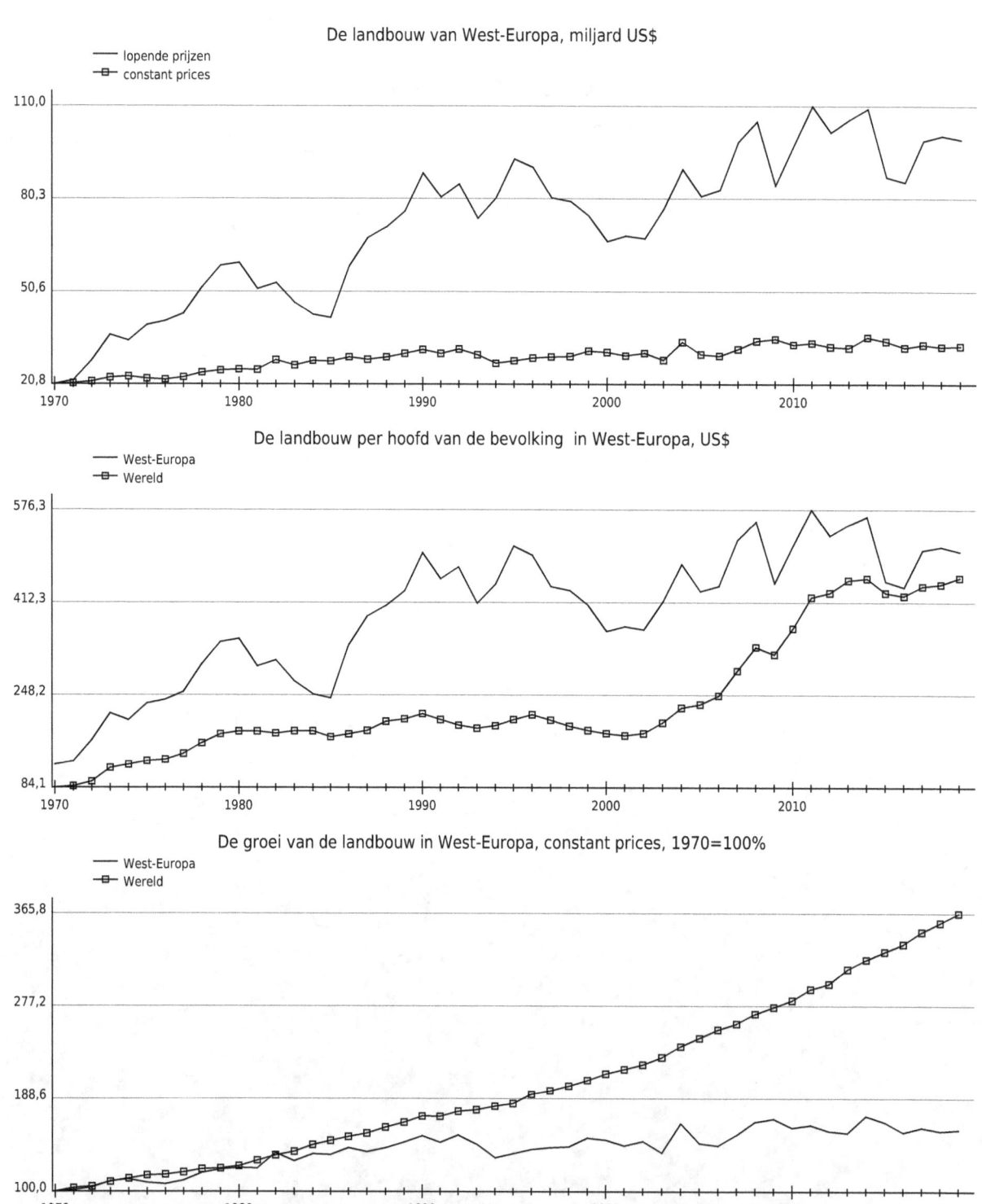

De landbouw van West-Europa, miljard US$

De landbouw per hoofd van de bevolking in West-Europa, US$

De groei van de landbouw in West-Europa, constant prices, 1970=100%

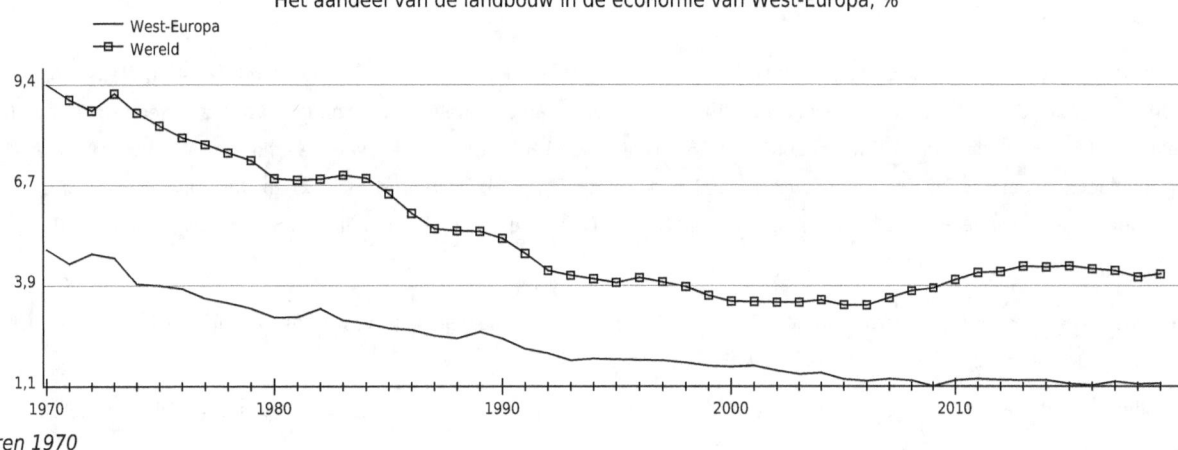

Het aandeel van de landbouw in de economie van West-Europa, %

— West-Europa
—□— Wereld

de jaren 1970

De sector van de landbouw in West-Europa bedroeg in de jaren 1970 US$37,7 miljard per jaar. Het aandeel in de wereld was 7,3%, en 19,4% in Europa.

Het aandeel van de landbouw in de economie van West-Europa was 3,8% in de jaren 1970.

De sector van de landbouw per hoofd in West-Europa was $222,0 in de jaren 1970s, en was vergelijkbaar met Vanuatu (US$223,4), Joegoslavië (US$218,1), Bulgarije (US$217,0). De toegevoegde waarde van de landbouw per hoofd in West-Europa was 74,0% hoger dan de landbouw per hoofd van de bevolking in de wereld ($127,6), en was 17,2% lager dan de landbouw per hoofd van de bevolking in Europa ($127,6).

De groei van de landbouw in West-Europa bedroeg 2.2% in de jaren 1970. De groei van de landbouw in West-Europa (2,2%) was minder dan de groei van de landbouw in de wereld (2,2%), was minder dan de groei van de landbouw in Europa (3,3%).

Vergelijking met subregio's. De landbouw van West-Europa was groter dan in Zuid-Europa (US$35,6 miljard) en in Noord-Europa (US$16,6 miljard); maar minder dan in Oost-Europa (US$104,6 miljard). De landbouw per hoofd in West-Europa was in West-Europa groter dan in Noord-Europa (US$204,9); maar minder dan in Oost-Europa (US$306,3) en in Zuid-Europa (US$268,5). De groei van de landbouw in West-Europa was groter dan in Zuid-Europa (1,3%) en in Noord-Europa (0,98%); maar minder dan in Oost-Europa (6,4%).

Leiders. De waarde van de landbouw in West-Europa in de jaren 1970 bestond uit: Frankrijk (44,1%), Duitsland (31,4%), Nederland (10,4%), Oostenrijk (5,2%), België (5,0%), en andere (4,0%). Het aandeel van de landbouw in economie van de leiders: Oostenrijk (5,6%), Frankrijk (5,6%), Nederland (4,4%), België (3,4%) en Duitsland (2,7%). De landbouw per hoofd in West-Europa onder de leiders: Frankrijk ($310,2), Nederland ($287,7), Oostenrijk ($257,0), België ($193,4) en Duitsland ($150,6). De groei van de landbouw onder de leiders: Nederland (9,1%), Frankrijk (2,8%), Oostenrijk (1,5%), Duitsland (1,2%) en België (0,54%).

de jaren 1980

De sector van de landbouw in West-Europa bedroeg in de jaren 1980 US$57,0 miljard per jaar. Het aandeel in de wereld was 6,3%, en 19,2% in Europa.

Het aandeel van de landbouw in de economie van West-Europa was 2,7% in de jaren 1980, en was vergelijkbaar met Japan (2,8%).

De waarde van de landbouw per hoofd in West-Europa was $328,8 in de jaren 1980s, en was vergelijkbaar met Fiji (US$325,0), Zuid-Korea (US$324,8), Gabon (US$321,6). De waarde van de landbouw per hoofd in West-Europa was 76,2% hoger dan de landbouw per hoofd van de bevolking in de wereld ($186,6), en was 14,9% lager dan de landbouw per hoofd van de bevolking in Europa ($186,6).

De groei van de landbouw in West-Europa bedroeg 1.9% in de jaren 1980, en was vergelijkbaar met Melanesië (2,0%). De groei van de landbouw in West-Europa (1,9%) was minder dan de groei van de landbouw in de wereld (3,1%), was minder dan de groei van de landbouw in Europa (2,1%).

Vergelijking met subregio's. De sector van de landbouw in West-Europa was groter dan in Noord-Europa (US$28,7 miljard); maar minder dan in Oost-Europa (US$151,9 miljard) en in Zuid-Europa (US$59,0 miljard). De sector van de landbouw per hoofd in West-Europa was in West-Europa minder dan in Zuid-Europa (US$417,5), in Oost-Europa (US$410,3) en in Noord-Europa (US$346,5).

De groei van de landbouw in West-Europa was groter dan in Zuid-Europa (1,7%); maar minder dan in Oost-Europa (2,4%) en in Noord-Europa (2,3%).

Leiders. De landbouw van West-Europa in de jaren 1980 bestond uit: Frankrijk (42,4%), Duitsland (28,4%), Nederland (13,0%), Zwitserland (5,6%), Oostenrijk (5,5%), en andere (5,0%). Het aandeel van de landbouw in economie van de leiders: Nederland (4,2%), Oostenrijk (3,8%), Frankrijk (3,7%), Zwitserland (2,3%) en Duitsland (1,8%). De waarde van de landbouw per hoofd in West-Europa onder de leiders: Nederland ($512,2), Zwitserland ($500,8), Frankrijk ($428,2), Oostenrijk ($410,2) en Duitsland ($207,4). De groei van de landbouw onder de leiders: Nederland (5,2%), Frankrijk (2,1%), Duitsland (1,8%), Oostenrijk (-0,28%) en Zwitserland (-0,87%).

de jaren 1990

De landbouw van West-Europa bedroeg in de jaren 1990 US$82,7 miljard per jaar, en was vergelijkbaar met Zuid-Europa (US$83,7 miljard). Het aandeel in de wereld was 7,3%, en 29,8% in Europa.

Het aandeel van de landbouw in de economie van West-Europa was 1,9% in de jaren 1990, en was vergelijkbaar met Antigua en Barbuda (1,9%).

De toegevoegde waarde van de landbouw per hoofd in West-Europa was $457,0 in de jaren 1990s, en was vergelijkbaar met de Federale Staten van Micronesië (US$460,1), Turkije (US$453,8), Maleisië (US$465,2). De waarde van de landbouw per hoofd in West-Europa was in 2,3 keer hoger dan de landbouw per hoofd van de bevolking in de wereld ($199,8), en was 19,6% hoger dan de landbouw per hoofd van de bevolking in Europa ($199,8).

De groei van de landbouw in West-Europa bedroeg 0.3% in de jaren 1990. De groei van de landbouw in West-Europa (0,28%) was minder dan de groei van de landbouw in de wereld (2,2%), was groter dan de groei van de landbouw in Europa (-1,6%).

Vergelijking met subregio's. De sector van de landbouw in West-Europa was groter dan in Oost-Europa (US$69,9 miljard) en in Noord-Europa (US$41,5 miljard); maar minder dan in Zuid-Europa (US$83,7 miljard). De landbouw per hoofd in West-Europa was in West-Europa groter dan in Noord-Europa (US$446,7) en in Oost-Europa (US$226,3); maar minder dan in Zuid-Europa (US$580,9). De groei van de landbouw in West-Europa was groter dan in Oost-Europa (-6,4%); maar minder dan in Zuid-Europa (1,5%) en in Noord-Europa (1,2%).

Leiders. De landbouw van West-Europa in de jaren 1990 bestond uit: Frankrijk (42,8%), Duitsland (26,9%), Nederland (14,9%), Oostenrijk (5,5%), Zwitserland (5,2%), en andere (4,7%). Het aandeel van de landbouw in economie van de leiders: Nederland (3,4%), Frankrijk (2,8%), Oostenrijk (2,5%), Zwitserland (1,5%) en Duitsland (1,1%). De landbouw per hoofd in West-Europa onder de leiders: Nederland ($799,3), Zwitserland ($622,9), Frankrijk ($595,9), Oostenrijk ($573,4) en Duitsland ($275,5). De groei van de landbouw onder de leiders: Nederland (2,6%), Frankrijk (2,4%), Oostenrijk (1,8%), Zwitserland (-0,97%) en Duitsland (-3,0%).

de jaren 2000

De toegevoegde waarde van de landbouw in West-Europa bedroeg in de jaren 2000 US$82,2 miljard per jaar. Het aandeel in de wereld was 5,3%, en 29,0% in Europa.

Het aandeel van de landbouw in de economie van West-Europa was 1,4% in de jaren 2000, en was vergelijkbaar met Ierland (1,4%).

De landbouw per hoofd in West-Europa was $439,0 in de jaren 2000s, en was vergelijkbaar met Noord-Amerika (US$439,1), Japan (US$445,6), Saoedi-Arabië (US$449,7). De sector van de landbouw per hoofd in West-Europa was 82,7% hoger dan de landbouw per hoofd van de bevolking in de wereld ($240,3), en was 13,4% hoger dan de landbouw per hoofd van de bevolking in Europa ($240,3).

De groei van de landbouw in West-Europa bedroeg 1.1% in de jaren 2000, en was vergelijkbaar met Noord-Korea (1,2%). De groei van de landbouw in West-Europa (1,1%) was minder dan de groei van de landbouw in de wereld (3,0%), was minder dan de groei van de landbouw in Europa (1,2%).

Vergelijking met subregio's. De sector van de landbouw in West-Europa was groter dan in Oost-Europa (US$71,1 miljard) en in Noord-Europa (US$39,8 miljard); maar minder dan in Zuid-Europa (US$89,8 miljard). De waarde van de landbouw per hoofd in West-Europa was in West-Europa groter dan in Noord-Europa (US$413,8) en in Oost-Europa (US$238,1); maar minder dan in Zuid-Europa (US$602,9). De groei van de landbouw in West-Europa was groter dan in Noord-Europa (0,82%) en in Zuid-Europa (-0,100%); maar minder dan in Oost-Europa (2,9%).

Leiders. De toegevoegde waarde van de landbouw in West-Europa in de jaren 2000 bestond uit: Frankrijk (43,2%), Duitsland (28,1%),

Nederland (15,2%), Oostenrijk (5,2%), Zwitserland (4,2%), en andere (4,2%). Het aandeel van de landbouw in economie van de leiders: Nederland (2,1%), Frankrijk (1,9%), Oostenrijk (1,6%), Duitsland (0,92%) en Zwitserland (0,86%). De sector van de landbouw per hoofd in West-Europa onder de leiders: Nederland ($763,8), Frankrijk ($565,3), Oostenrijk ($516,0), Zwitserland ($464,0) en Duitsland ($283,6). De groei van de landbouw onder de leiders: Duitsland (1,9%), Nederland (1,4%), Frankrijk (0,86%), Oostenrijk (0,50%) en Zwitserland (-0,027%).

de jaren 2010

De toegevoegde waarde van de landbouw in West-Europa bedroeg in de jaren 2010 US$99,6 miljard per jaar, en was vergelijkbaar met Zuid-Europa (US$99,7 miljard). Het aandeel in de wereld was 3,1%, en 27,2% in Europa.

Het aandeel van de landbouw in de economie van West-Europa was 1,2% in de jaren 2010, en was vergelijkbaar met Malta (1,2%).

De landbouw per hoofd in West-Europa was $513,5 in de jaren 2010s, en was vergelijkbaar met Fiji (US$513,7), Letland (US$515,1), de Cookeilanden (US$511,8). De sector van de landbouw per hoofd in West-Europa was 18,8% hoger dan de landbouw per hoofd van de bevolking in de wereld ($432,1), en was 4,4% hoger dan de landbouw per hoofd van de bevolking in Europa ($432,1).

De groei van de landbouw in West-Europa bedroeg -0.6% in de jaren 2010, en was vergelijkbaar met Oost-Timor (-0,64%). De groei van de landbouw in West-Europa (-0,65%) was minder dan de groei van de landbouw in de wereld (2,9%), was minder dan de groei van de landbouw in Europa (0,73%).

Vergelijking met subregio's. De waarde van de landbouw in West-Europa was 98,7% groter dan in Noord-Europa (US$50,1 miljard); maar 14,5% minder dan in Oost-Europa (US$116,4 miljard) en 0,18% minder dan in Zuid-Europa (US$99,7 miljard). De landbouw per hoofd in West-Europa was in West-Europa5,4% groter dan in Noord-Europa (US$487,0) en 29,8% groter dan in Oost-Europa (US$395,6); maar 21,2% minder dan in Zuid-Europa (US$652,0). De groei van de landbouw in West-Europa was minder dan in Noord-Europa (2,0%), in Oost-Europa (1,2%) en in Zuid-Europa (0,93%).

Leiders. De sector van de landbouw in West-Europa in de jaren 2010 bestond uit: Frankrijk (42,5%), Duitsland (29,5%), Nederland (14,8%), Oostenrijk (5,1%), Zwitserland (4,6%), en andere (3,6%). Het aandeel van de landbouw in economie van de leiders: Nederland (1,9%), Frankrijk (1,8%), Oostenrijk (1,4%), Duitsland (0,89%) en Zwitserland (0,67%). De landbouw per hoofd in West-Europa onder de leiders: Nederland ($869,4), Frankrijk ($637,6), Oostenrijk ($588,6), Zwitserland ($555,6) en Duitsland ($358,5). De groei van de landbouw onder de leiders: Oostenrijk (1,3%), Nederland (0,89%), Zwitserland (0,34%), Frankrijk (0,17%) en Duitsland (-3,4%).

Hoofdstuk V. Industrie

Mijnbouw, productie, nutsbedrijven (ISIC C-E)

De sector van de industrie in West-Europa steeg van US$298,8 miljard per jaar in de jaren 1970 tot US$1,6 biljoen per jaar in de jaren 2010, dat wil zeggen met US$1,3 biljoen of 5,4 keer. De verandering vond plaats op US$1,1 biljoen als gevolg van een 3,0-voudige stijging van de prijzen, en ook op US$197,0 miljard als gevolg van een 1,6-voudige toename van de productiviteit , evenals op US$42,0 miljard als gevolg van de toename van de bevolking. De gemiddelde jaarlijkse groei van de industrie is 1,6%. De minimumwaarde van de industrie bedroeg US$140,2 miljard in 1970. De maximumwaarde van de industrie bedroeg US$1,7 biljoen in 2008.

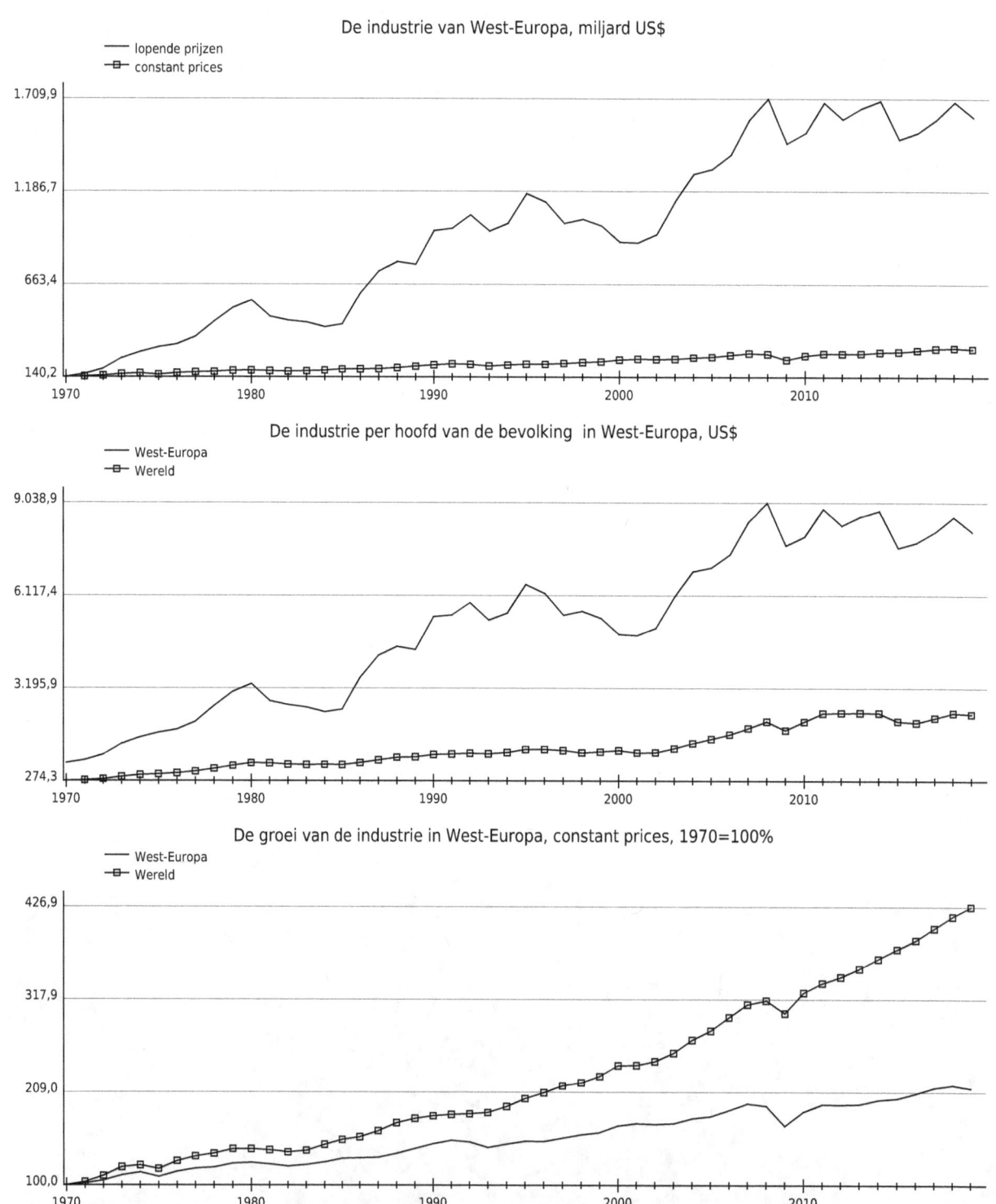

De industrie van West-Europa, miljard US$

De industrie per hoofd van de bevolking in West-Europa, US$

De groei van de industrie in West-Europa, constant prices, 1970=100%

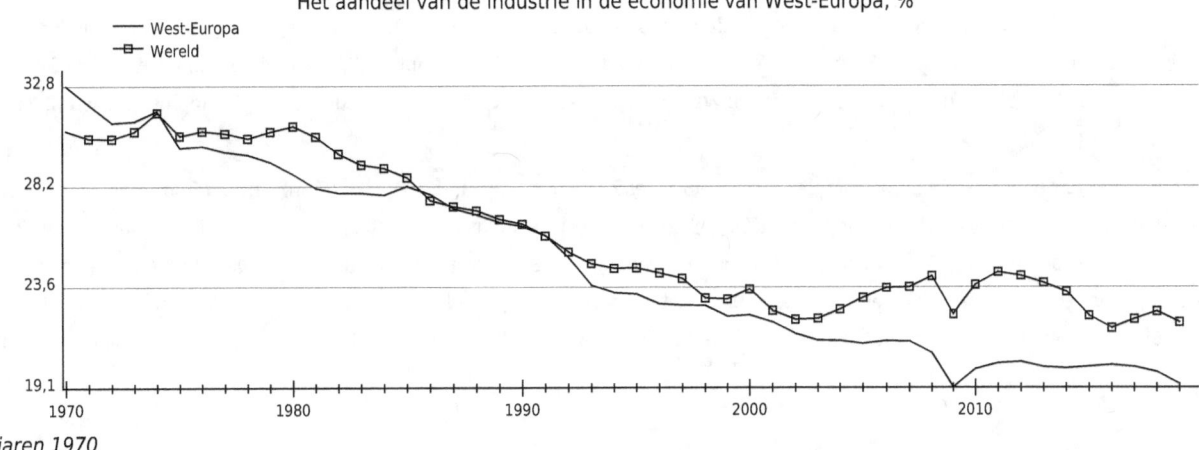

Het aandeel van de industrie in de economie van West-Europa, %

de jaren 1970

De industrie van West-Europa bedroeg in de jaren 1970 US$298,8 miljard per jaar, en was vergelijkbaar met Oost-Europa (US$297,8 miljard). Het aandeel in de wereld was 15,4%, en 36,4% in Europa.

Het aandeel van de industrie in de economie van West-Europa was 30,3% in de jaren 1970.

De industrie per hoofd in West-Europa was $1.757,8 in de jaren 1970s, en was vergelijkbaar met Australazië (US$1.761,4), Noorwegen (US$1.781,0), Bahrein (US$1.733,6). De toegevoegde waarde van de industrie per hoofd in West-Europa was in 3,7 keer hoger dan de industrie per hoofd van de bevolking in de wereld ($480,5), en was 55,3% hoger dan de industrie per hoofd van de bevolking in Europa ($480,5).

De groei van de industrie in West-Europa bedroeg 2.5% in de jaren 1970. De groei van de industrie in West-Europa (2,5%) was minder dan de groei van de industrie in de wereld (4,0%), was minder dan de groei van de industrie in Europa (3,6%).

Vergelijking met subregio's. De toegevoegde waarde van de industrie in West-Europa was groter dan in Oost-Europa (US$297,8 miljard), in Noord-Europa (US$113,4 miljard) en in Zuid-Europa (US$110,8 miljard). De waarde van de industrie per hoofd in West-Europa was in West-Europa groter dan in Noord-Europa (US$1.395,7), in Oost-Europa (US$871,9) en in Zuid-Europa (US$836,0). De groei van de industrie in West-Europa was groter dan in Noord-Europa (2,5%); maar minder dan in Oost-Europa (5,8%) en in Zuid-Europa (5,3%).

Leiders. De sector van de industrie in West-Europa in de jaren 1970 bestond uit: Duitsland (53,0%), Frankrijk (24,0%), Nederland (7,8%), België (5,9%), Zwitserland (5,4%), en andere (4,0%). Het aandeel van de industrie in economie van de leiders: Duitsland (35,6%), België (31,7%), Zwitserland (26,6%), Nederland (26,5%) en Frankrijk (24,1%). De toegevoegde waarde van de industrie per hoofd in West-Europa onder de leiders: Zwitserland ($2.559,7), Duitsland ($2.011,9), België ($1.798,5), Nederland ($1.719,9) en Frankrijk ($1.335,3). De groei van de industrie onder de leiders: België (4,5%), Frankrijk (3,9%), Nederland (3,1%), Duitsland (2,1%) en Zwitserland (0,78%).

de jaren 1980

De industrie van West-Europa bedroeg in de jaren 1980 US$573,2 miljard per jaar, en was vergelijkbaar met Japan (US$566,4 miljard). Het aandeel in de wereld was 13,8%, en 38,6% in Europa.

Het aandeel van de industrie in de economie van West-Europa was 27,6% in de jaren 1980, en was vergelijkbaar met het Verenigd Koninkrijk (27,6%), Bolivia (27,7%), Nieuw-Zeeland (27,7%).

De toegevoegde waarde van de industrie per hoofd in West-Europa was $3.305,5 in de jaren 1980s, en was vergelijkbaar met Australazië (US$3,3 duizend), Bahrein (US$3,2 duizend). De toegevoegde waarde van de industrie per hoofd in West-Europa was in 3,8 keer hoger dan de industrie per hoofd van de bevolking in de wereld ($861,8), en was 70,9% hoger dan de industrie per hoofd van de bevolking in Europa ($861,8).

De groei van de industrie in West-Europa bedroeg 1.3% in de jaren 1980, en was vergelijkbaar met Griekenland (1,3%). De groei van de industrie in West-Europa (1,3%) was minder dan de groei van de industrie in de wereld (2,3%), was minder dan de groei van de industrie in Europa (2,3%).

Vergelijking met subregio's. De toegevoegde waarde van de industrie in West-Europa was groter dan in Oost-Europa (US$388,2 miljard), in Noord-Europa (US$265,1 miljard) en in Zuid-Europa (US$257,8 miljard). De toegevoegde waarde van de industrie per hoofd in West-Europa was in West-Europa groter dan in Noord-Europa (US$3,2 duizend), in Zuid-Europa (US$1.824,3) en in Oost-Europa (US$1.048,8). De groei van de industrie in West-Europa was minder dan in Oost-Europa (4,0%), in Zuid-Europa (2,4%) en in Noord-Europa (2,1%).

Leiders. De industrie van West-Europa in de jaren 1980 bestond uit: Duitsland (51,9%), Frankrijk (25,3%), Nederland (7,7%), Zwitserland (6,1%), België (4,8%), en andere (4,2%). Het aandeel van de industrie in economie van de leiders: Duitsland (32,8%), België (25,5%), Nederland (24,8%), Zwitserland (24,7%) en Frankrijk (22,3%). De toegevoegde waarde van de industrie per hoofd in West-Europa onder de leiders: Zwitserland ($5.469,3), Duitsland ($3.812,7), Nederland ($3.036,9), België ($2.775,4) en Frankrijk ($2.568,3). De groei van de industrie onder de leiders: België (2,6%), Zwitserland (1,5%), Frankrijk (1,3%), Duitsland (1,2%) en Nederland (0,99%).

de jaren 1990

De sector van de industrie in West-Europa bedroeg in de jaren 1990 US$1,0 biljoen per jaar. Het aandeel in de wereld was 15,4%, en 47,8% in Europa.

Het aandeel van de industrie in de economie van West-Europa was 23,8% in de jaren 1990, en was vergelijkbaar met België (23,7%), Italië (23,6%).

De industrie per hoofd in West-Europa was $5.690,7 in de jaren 1990s, en was vergelijkbaar met Finland (US$5,7 duizend), de Verenigde Staten (US$5,7 duizend), Denemarken (US$5,6 duizend). De sector van de industrie per hoofd in West-Europa was in 4,8 keer hoger dan de industrie per hoofd van de bevolking in de wereld ($1.175,6), en was 92,2% hoger dan de industrie per hoofd van de bevolking in Europa ($1.175,6).

De groei van de industrie in West-Europa bedroeg 1.2% in de jaren 1990. De groei van de industrie in West-Europa (1,2%) was minder dan de groei van de industrie in de wereld (2,5%), was groter dan de groei van de industrie in Europa (0,0047%).

Vergelijking met subregio's. De waarde van de industrie in West-Europa was groter dan in Noord-Europa (US$442,0 miljard), in Zuid-Europa (US$437,7 miljard) en in Oost-Europa (US$242,8 miljard). De waarde van de industrie per hoofd in West-Europa was in West-Europa groter dan in Noord-Europa (US$4,8 duizend), in Zuid-Europa (US$3,0 duizend) en in Oost-Europa (US$786,1). De groei van de industrie in West-Europa was groter dan in Zuid-Europa (0,84%) en in Oost-Europa (-6,4%); maar minder dan in Noord-Europa (2,6%).

Leiders. De waarde van de industrie in West-Europa in de jaren 1990 bestond uit: Duitsland (51,9%), Frankrijk (24,7%), Nederland (7,3%), Zwitserland (6,4%), België (5,1%), en andere (4,7%). Het aandeel van de industrie in economie van de leiders: Duitsland (27,0%), België (23,7%), Zwitserland (22,8%), Nederland (21,0%) en Frankrijk (19,8%). De waarde van de industrie per hoofd in West-Europa onder de leiders: Zwitserland ($9.537,6), Duitsland ($6.621,6), België ($5.137,7), Nederland ($4.889,7) en Frankrijk ($4.275,7). De groei van de industrie onder de leiders: Frankrijk (2,4%), Nederland (2,1%), België (1,9%), Zwitserland (1,9%) en Duitsland (0,33%).

de jaren 2000

De toegevoegde waarde van de industrie in West-Europa bedroeg in de jaren 2000 US$1,3 biljoen per jaar. Het aandeel in de wereld was 12,3%, en 43,2% in Europa.

Het aandeel van de industrie in de economie van West-Europa was 21,0% in de jaren 2000, en was vergelijkbaar met Melanesië (21,0%), Kroatië (20,9%), Estland (20,9%).

De toegevoegde waarde van de industrie per hoofd in West-Europa was $6.746,3 in de jaren 2000s, en was vergelijkbaar met Noord-Europa (US$6,9 duizend). De waarde van de industrie per hoofd in West-Europa was in 4,3 keer hoger dan de industrie per hoofd van de bevolking in de wereld ($1.573,8), en was 68,6% hoger dan de industrie per hoofd van de bevolking in Europa ($1.573,8).

De groei van de industrie in West-Europa bedroeg 0.5% in de jaren 2000. De groei van de industrie in West-Europa (0,46%) was minder dan de groei van de industrie in de wereld (2,9%), was minder dan de groei van de industrie in Europa (0,63%).

Vergelijking met subregio's. De toegevoegde waarde van de industrie in West-Europa was groter dan in Noord-Europa (US$663,4 miljard), in Zuid-Europa (US$587,2 miljard) en in Oost-Europa (US$411,2 miljard). De toegevoegde waarde van de industrie per hoofd in West-Europa was in West-Europa groter dan in Zuid-Europa (US$3,9 duizend) en in Oost-Europa (US$1.376,6); maar minder dan in Noord-Europa (US$6,9 duizend). De groei van de industrie in West-Europa was groter dan in Noord-Europa (-0,32%) en in Zuid-Europa (-0,34%); maar minder dan in Oost-Europa (4,0%).

Leiders. De toegevoegde waarde van de industrie in West-Europa in de jaren 2000 bestond uit: Duitsland (49,8%), Frankrijk (24,1%), Nederland (8,5%), Zwitserland (6,9%), België (5,2%), en andere (5,5%). Het aandeel van de industrie in economie van de leiders: Duitsland (25,2%), Zwitserland (21,9%), België (20,0%), Nederland (18,0%) en Frankrijk (16,2%). De toegevoegde waarde van de industrie per hoofd in West-Europa onder de leiders: Zwitserland ($11.813,9), Duitsland ($7.732,1), Nederland ($6.556,1), België ($6.220,2) en Frankrijk ($4.853,6). De groei van de industrie onder de leiders: Zwitserland (1,1%), België (0,71%), Nederland (0,64%), Frankrijk (0,47%) en Duitsland (0,19%).

de jaren 2010

De waarde van de industrie in West-Europa bedroeg in de jaren 2010 US$1,6 biljoen per jaar. Het aandeel in de wereld was 9,4%, en 42,4% in Europa.

Het aandeel van de industrie in de economie van West-Europa was 19,9% in de jaren 2010.

De industrie per hoofd in West-Europa was $8.276,5 in de jaren 2010s, en was vergelijkbaar met Monaco (US$8,2 duizend), Zuid-Korea (US$8,4 duizend), Equatoriaal-Guinea (US$8,4 duizend). De industrie per hoofd in West-Europa was in 3,6 keer hoger dan de industrie per hoofd van de bevolking in de wereld ($2.320,9), en was 62,7% hoger dan de industrie per hoofd van de bevolking in Europa ($2.320,9).

De groei van de industrie in West-Europa bedroeg 2.4% in de jaren 2010, en was vergelijkbaar met Aruba (2,4%), Australazië (2,4%). De groei van de industrie in West-Europa (2,4%) was minder dan de groei van de industrie in de wereld (3,5%), was groter dan de groei van de industrie in Europa (2,0%).

Vergelijking met subregio's. De industrie van West-Europa was 2,1 keer groter dan in Noord-Europa (US$780,4 miljard), 2,2 keer groter dan in Oost-Europa (US$746,0 miljard) en 2,5 keer groter dan in Zuid-Europa (US$654,8 miljard). De industrie per hoofd in West-Europa was in West-Europa9,1% groter dan in Noord-Europa (US$7,6 duizend), 93,4% groter dan in Zuid-Europa (US$4,3 duizend) en 3,3 keer groter dan in Oost-Europa (US$2,5 duizend). De groei van de industrie in West-Europa was groter dan in Noord-Europa (1,7%) en in Zuid-Europa (0,77%); maar minder dan in Oost-Europa (2,5%).

Leiders. De industrie van West-Europa in de jaren 2010 bestond uit: Duitsland (52,3%), Frankrijk (20,9%), Zwitserland (8,7%), Nederland (7,7%), Oostenrijk (5,2%), en andere (5,2%). Het aandeel van de industrie in economie van de leiders: Duitsland (25,4%), Oostenrijk (22,1%), Zwitserland (20,6%), Nederland (16,1%) en Frankrijk (13,9%). De industrie per hoofd in West-Europa onder de leiders: Zwitserland ($17.034,8), Duitsland ($10.261,3), Oostenrijk ($9.562,8), Nederland ($7.337,9) en Frankrijk ($5.048,2). De groei van de industrie onder de leiders: Duitsland (3,2%), Oostenrijk (3,0%), Zwitserland (3,0%), Nederland (1,2%) en Frankrijk (0,89%).

Hoofdstuk 5.1. Fabricage

(ISIC D)

De toegevoegde waarde van de fabricage in West-Europa steeg van US$261,3 miljard per jaar in de jaren 1970 tot US$1,4 biljoen per jaar in de jaren 2010, dat wil zeggen met US$1,1 biljoen of 5,2 keer. De verandering vond plaats op US$880,4 miljard als gevolg van een 2,8-voudige stijging van de prijzen, en ook op US$189,6 miljard als gevolg van een 1,6-voudige toename van de productiviteit , evenals op US$36,7 miljard als gevolg van de toename van de bevolking. De gemiddelde jaarlijkse groei van de fabricage is 1,6%. De minimumwaarde van de fabricage bedroeg US$124,0 miljard in 1970. De maximumwaarde van de fabricage bedroeg US$1,5 biljoen in 2018.

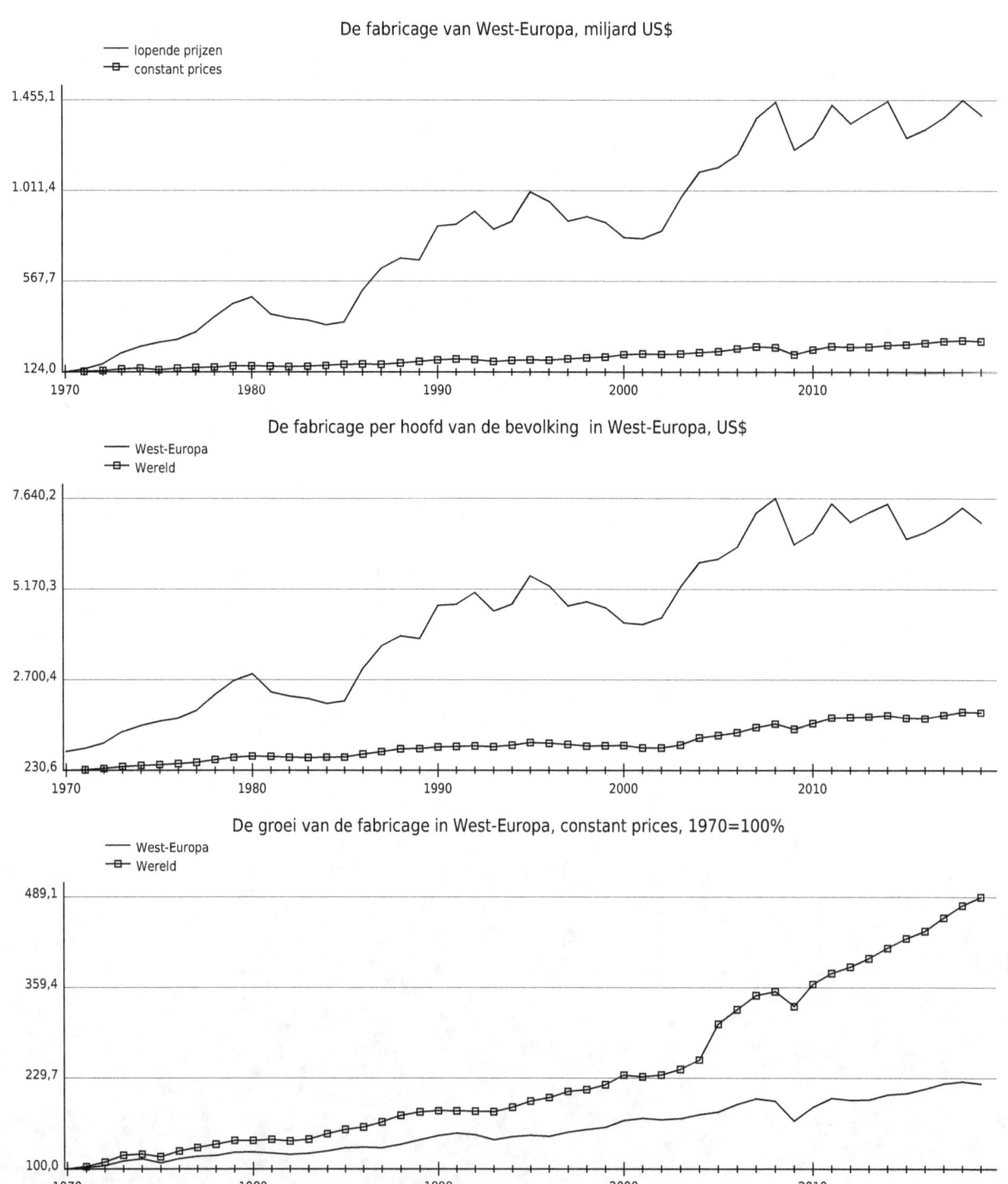

De fabricage van West-Europa, miljard US$

De fabricage per hoofd van de bevolking in West-Europa, US$

De groei van de fabricage in West-Europa, constant prices, 1970=100%

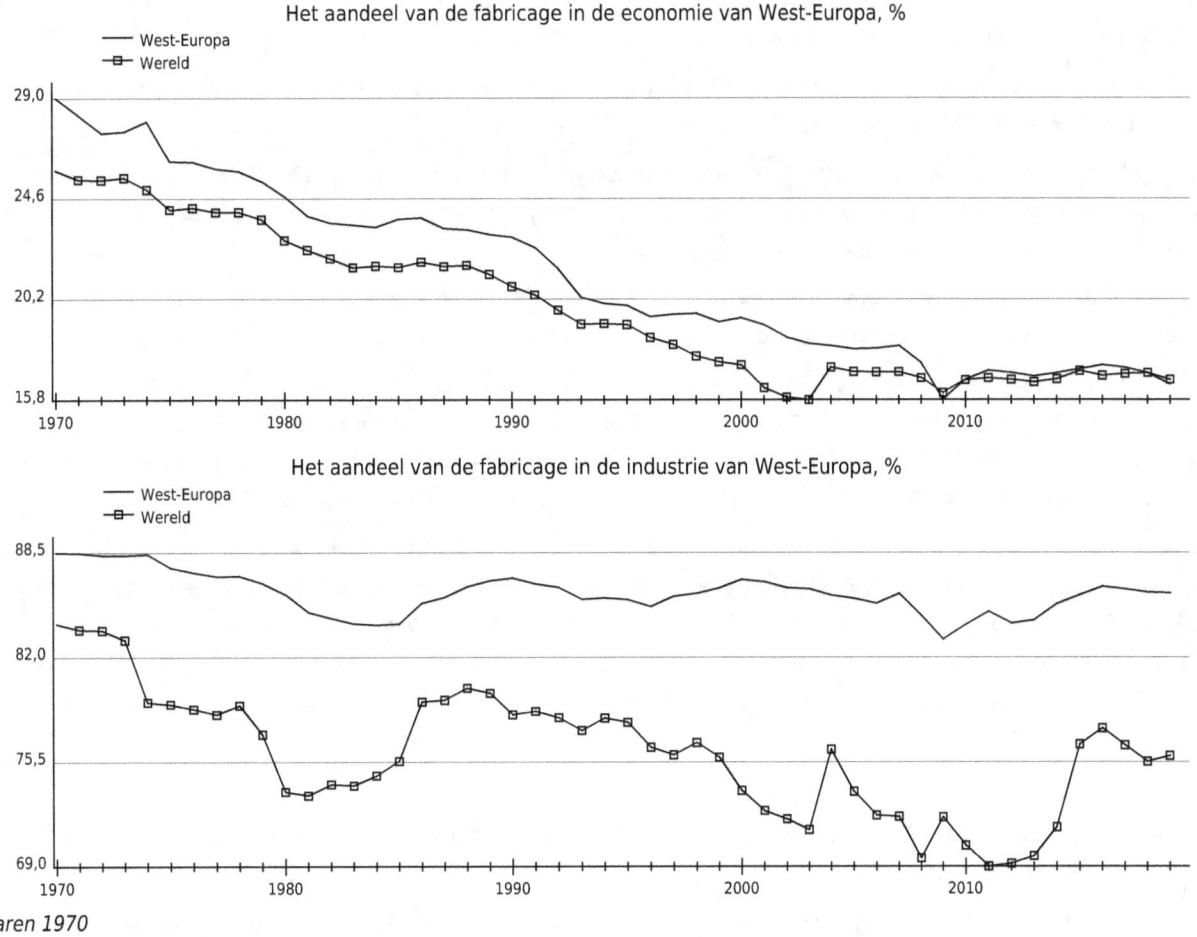

Het aandeel van de fabricage in de economie van West-Europa, %

Het aandeel van de fabricage in de industrie van West-Europa, %

de jaren 1970

De fabricage van West-Europa bedroeg in de jaren 1970 US$261,3 miljard per jaar. Het aandeel in de wereld was 16,9%, en 35,3% in Europa.

Het aandeel van de fabricage in de economie van West-Europa was 26,5% in de jaren 1970, en was vergelijkbaar met Oostenrijk (26,5%), Noord-Korea (26,7%).

De sector van de fabricage per hoofd in West-Europa was $1.537,5 in de jaren 1970s, en was vergelijkbaar met Nieuw-Caledonië (US$1.549,4), Japan (US$1.520,6). De fabricage per hoofd in West-Europa was in 4,0 keer hoger dan de fabricage per hoofd van de bevolking in de wereld ($383,2), en was 50,8% hoger dan de fabricage per hoofd van de bevolking in Europa ($383,2).

De groei van de fabricage in West-Europa bedroeg 2.4% in de jaren 1970, en was vergelijkbaar met de Bahama's (2,4%). De groei van de fabricage in West-Europa (2,4%) was minder dan de groei van de fabricage in de wereld (3,8%), was minder dan de groei van de fabricage in Europa (3,5%).

Vergelijking met subregio's. De fabricage van West-Europa was groter dan in Zuid-Europa (US$97,7 miljard) en in Noord-Europa (US$91,5 miljard); maar minder dan in Oost-Europa (US$288,9 miljard). De fabricage per hoofd in West-Europa was in West-Europa groter dan in Noord-Europa (US$1.126,2), in Oost-Europa (US$845,6) en in Zuid-Europa (US$736,8). De groei van de fabricage in West-Europa was groter dan in Noord-Europa (2,0%); maar minder dan in Zuid-Europa (6,0%) en in Oost-Europa (5,9%).

Leiders. De toegevoegde waarde van de fabricage in West-Europa in de jaren 1970 bestond uit: Duitsland (52,8%), Frankrijk (24,7%), Nederland (7,1%), België (6,2%), Zwitserland (5,3%), en andere (3,9%). Het aandeel van de fabricage in economie van de leiders: Duitsland (31,0%), België (29,5%), Zwitserland (23,1%), Frankrijk (21,7%) en Nederland (21,0%). De toegevoegde waarde van de fabricage per hoofd in West-Europa onder de leiders: Zwitserland ($2.223,3), Duitsland ($1.752,1), België ($1.674,7), Nederland ($1.362,5) en Frankrijk ($1.203,0). De groei van de fabricage onder de leiders: België (3,7%), Frankrijk (3,5%), Nederland (2,5%), Duitsland (2,1%) en Zwitserland (0,76%).

de jaren 1980

De fabricage van West-Europa bedroeg in de jaren 1980 US$489,2 miljard per jaar, en was vergelijkbaar met Japan (US$501,0 miljard). Het aandeel in de wereld was 15,3%, en 38,1% in Europa.

Het aandeel van de fabricage in de economie van West-Europa was 23,6% in de jaren 1980, en was vergelijkbaar met Hongarije (23,6%), Zuid-Europa (23,7%), Thailand (23,4%).

De toegevoegde waarde van de fabricage per hoofd in West-Europa was $2.820,8 in de jaren 1980s. De waarde van de fabricage per hoofd in West-Europa was in 4,3 keer hoger dan de fabricage per hoofd van de bevolking in de wereld ($661,2), en was 68,7% hoger dan de fabricage per hoofd van de bevolking in Europa ($661,2).

De groei van de fabricage in West-Europa bedroeg 1.4% in de jaren 1980. De groei van de fabricage in West-Europa (1,4%) was minder dan de groei van de fabricage in de wereld (2,6%), was minder dan de groei van de fabricage in Europa (2,1%).

Vergelijking met subregio's. De sector van de fabricage in West-Europa was groter dan in Oost-Europa (US$373,7 miljard), in Zuid-Europa (US$225,7 miljard) en in Noord-Europa (US$195,0 miljard). De fabricage per hoofd in West-Europa was in West-Europa groter dan in Noord-Europa (US$2,4 duizend), in Zuid-Europa (US$1.597,2) en in Oost-Europa (US$1.009,6). De groei van de fabricage in West-Europa was minder dan in Oost-Europa (4,0%), in Zuid-Europa (2,5%) en in Noord-Europa (1,7%).

Leiders. De toegevoegde waarde van de fabricage in West-Europa in de jaren 1980 bestond uit: Duitsland (52,9%), Frankrijk (25,5%), Nederland (6,5%), Zwitserland (6,2%), België (4,9%), en andere (4,1%). Het aandeel van de fabricage in economie van de leiders: Duitsland (28,5%), België (22,1%), Zwitserland (21,4%), Frankrijk (19,1%) en Nederland (17,8%). De waarde van de fabricage per hoofd in West-Europa onder de leiders: Zwitserland ($4.748,8), Duitsland ($3.316,0), België ($2.405,9), Frankrijk ($2.204,2) en Nederland ($2.182,1). De groei van de fabricage onder de leiders: België (2,7%), Nederland (2,3%), Zwitserland (1,5%), Duitsland (1,2%) en Frankrijk (1,0%).

de jaren 1990

De toegevoegde waarde van de fabricage in West-Europa bedroeg in de jaren 1990 US$884,7 miljard per jaar. Het aandeel in de wereld was 17,1%, en 49,8% in Europa.

Het aandeel van de fabricage in de economie van West-Europa was 20,4% in de jaren 1990, en was vergelijkbaar met België (20,4%), Zuid-Afrika (20,5%), Mexico (20,3%).

De fabricage per hoofd in West-Europa was $4.890,4 in de jaren 1990s, en was vergelijkbaar met Singapore (US$4,9 duizend), Puerto Rico (US$4,9 duizend). De fabricage per hoofd in West-Europa was in 5,4 keer hoger dan de fabricage per hoofd van de bevolking in de wereld ($908,4), en was in 2,0 keer hoger dan de fabricage per hoofd van de bevolking in Europa ($908,4).

De groei van de fabricage in West-Europa bedroeg 1.2% in de jaren 1990, en was vergelijkbaar met Togo (1,2%). De groei van de fabricage in West-Europa (1,2%) was minder dan de groei van de fabricage in de wereld (2,0%), was groter dan de groei van de fabricage in Europa (0,24%).

Vergelijking met subregio's. De fabricage van West-Europa was groter dan in Zuid-Europa (US$374,1 miljard), in Noord-Europa (US$339,0 miljard) en in Oost-Europa (US$177,6 miljard). De waarde van de fabricage per hoofd in West-Europa was in West-Europa groter dan in Noord-Europa (US$3,7 duizend), in Zuid-Europa (US$2,6 duizend) en in Oost-Europa (US$575,1). De groei van de fabricage in West-Europa was groter dan in Zuid-Europa (0,90%) en in Oost-Europa (-6,1%); maar minder dan in Noord-Europa (2,0%).

Leiders. De toegevoegde waarde van de fabricage in West-Europa in de jaren 1990 bestond uit: Duitsland (53,0%), Frankrijk (24,3%), Nederland (6,7%), Zwitserland (6,4%), België (5,1%), en andere (4,5%). Het aandeel van de fabricage in economie van de leiders: Duitsland (23,7%), België (20,4%), Zwitserland (19,6%), Frankrijk (16,8%) en Nederland (16,5%). De sector van de fabricage per hoofd in West-Europa onder de leiders: Zwitserland ($8.193,5), Duitsland ($5.813,5), België ($4.428,5), Nederland ($3.841,8) en Frankrijk ($3.621,1). De groei van de fabricage onder de leiders: Nederland (2,7%), Frankrijk (2,4%), Zwitserland (1,8%), België (1,8%) en Duitsland (0,26%).

de jaren 2000

De sector van de fabricage in West-Europa bedroeg in de jaren 2000 US$1,1 biljoen per jaar, en was vergelijkbaar met China (US$1,1 biljoen). Het aandeel in de wereld was 14,6%, en 46,7% in Europa.

Het aandeel van de fabricage in de economie van West-Europa was 17,9% in de jaren 2000, en was vergelijkbaar met India (18,0%), Tunesië (18,0%), Cambodja (17,8%).

De fabricage per hoofd in West-Europa was $5.764,9 in de jaren 2000s, en was vergelijkbaar met Denemarken (US$5,8 duizend). De sector van de fabricage per hoofd in West-Europa was in 5,1 keer hoger dan de fabricage per hoofd van de bevolking in de wereld ($1.138,1), en was 82,3% hoger dan de fabricage per hoofd van de bevolking in Europa ($1.138,1).

De groei van de fabricage in West-Europa bedroeg 0.5% in de jaren 2000. De groei van de fabricage in West-Europa (0,55%) was minder dan de groei van de fabricage in de wereld (4,2%), was minder dan de groei van de fabricage in Europa (0,69%).

Vergelijking met subregio's. De fabricage van West-Europa was groter dan in Zuid-Europa (US$493,4 miljard), in Noord-Europa (US$460,5 miljard) en in Oost-Europa (US$278,4 miljard). De fabricage per hoofd in West-Europa was in West-Europa groter dan in Noord-Europa (US$4,8 duizend), in Zuid-Europa (US$3,3 duizend) en in Oost-Europa (US$932,0). De groei van de fabricage in West-Europa was groter dan in Noord-Europa (-0,018%) en in Zuid-Europa (-0,62%); maar minder dan in Oost-Europa (4,9%).

Leiders. De toegevoegde waarde van de fabricage in West-Europa in de jaren 2000 bestond uit: Duitsland (51,1%), Frankrijk (23,7%), Nederland (7,4%), Zwitserland (7,2%), België (5,2%), en andere (5,4%). Het aandeel van de fabricage in economie van de leiders: Duitsland (22,1%), Zwitserland (19,6%), België (17,2%), Frankrijk (13,6%) en Nederland (13,4%). De waarde van de fabricage per hoofd in West-Europa onder de leiders: Zwitserland ($10.537,1), Duitsland ($6.773,6), België ($5.345,0), Nederland ($4.880,3) en Frankrijk ($4.078,9). De groei van de fabricage onder de leiders: Zwitserland (1,7%), Nederland (0,99%), Frankrijk (0,75%), België (0,53%) en Duitsland (0,097%).

de jaren 2010

De fabricage van West-Europa bedroeg in de jaren 2010 US$1,4 biljoen per jaar. Het aandeel in de wereld was 11,0%, en 47,2% in Europa.

Het aandeel van de fabricage in de economie van West-Europa was 17,0% in de jaren 2010, en was vergelijkbaar met Argentinië (17,0%).

De toegevoegde waarde van de fabricage per hoofd in West-Europa was $7.057,0 in de jaren 2010s, en was vergelijkbaar met Denemarken (US$7,2 duizend), Finland (US$7,2 duizend). De fabricage per hoofd in West-Europa was in 4,2 keer hoger dan de fabricage per hoofd van de bevolking in de wereld ($1.697,4), en was 81,2% hoger dan de fabricage per hoofd van de bevolking in Europa ($1.697,4).

De groei van de fabricage in West-Europa bedroeg 2.8% in de jaren 2010. De groei van de fabricage in West-Europa (2,8%) was minder dan de groei van de fabricage in de wereld (3,9%), was groter dan de groei van de fabricage in Europa (2,5%).

Vergelijking met subregio's. De waarde van de fabricage in West-Europa was 2,6 keer groter dan in Noord-Europa (US$535,3 miljard), 2,6 keer groter dan in Zuid-Europa (US$524,1 miljard) en 2,9 keer groter dan in Oost-Europa (US$471,0 miljard). De sector van de fabricage per hoofd in West-Europa was in West-Europa35,6% groter dan in Noord-Europa (US$5,2 duizend), 2,1 keer groter dan in Zuid-Europa (US$3,4 duizend) en 4,4 keer groter dan in Oost-Europa (US$1.600,2). De groei van de fabricage in West-Europa was groter dan in Noord-Europa (2,7%) en in Zuid-Europa (1,1%); maar minder dan in Oost-Europa (3,2%).

Leiders. De toegevoegde waarde van de fabricage in West-Europa in de jaren 2010 bestond uit: Duitsland (53,7%), Frankrijk (20,1%), Zwitserland (9,3%), Nederland (6,7%), Oostenrijk (5,1%), en andere (5,1%). Het aandeel van de fabricage in economie van de leiders: Duitsland (22,3%), Oostenrijk (18,7%), Zwitserland (18,6%), Nederland (11,9%) en Frankrijk (11,4%). De sector van de fabricage per hoofd in West-Europa onder de leiders: Zwitserland ($15.401,8), Duitsland ($8.981,7), Oostenrijk ($8.090,5), Nederland ($5.435,5) en Frankrijk ($4.141,3). De groei van de fabricage onder de leiders: Zwitserland (3,6%), Duitsland (3,5%), Oostenrijk (3,5%), Nederland (2,3%) en Frankrijk (1,2%).

Hoofdstuk VI. Constructie

(ISIC F)

De toegevoegde waarde van de constructie in West-Europa steeg van US$75,0 miljard per jaar in de jaren 1970 tot US$413,1 miljard per jaar in de jaren 2010, dat wil zeggen met US$338,0 miljard of 5,5 keer. De verandering vond plaats op US$339,5 miljard als gevolg van een 5,6-voudige stijging van de prijzen, en ook op -US$12,1 miljard als gevolg van een 1,2-voudige afname van de productiviteit , evenals op US$10,5 miljard als gevolg van de toename van de bevolking. De gemiddelde jaarlijkse groei van de constructie is 0,22%. De minimumwaarde van de constructie bedroeg US$35,8 miljard in 1970. De maximumwaarde van de constructie bedroeg US$458,4 miljard in 2019.

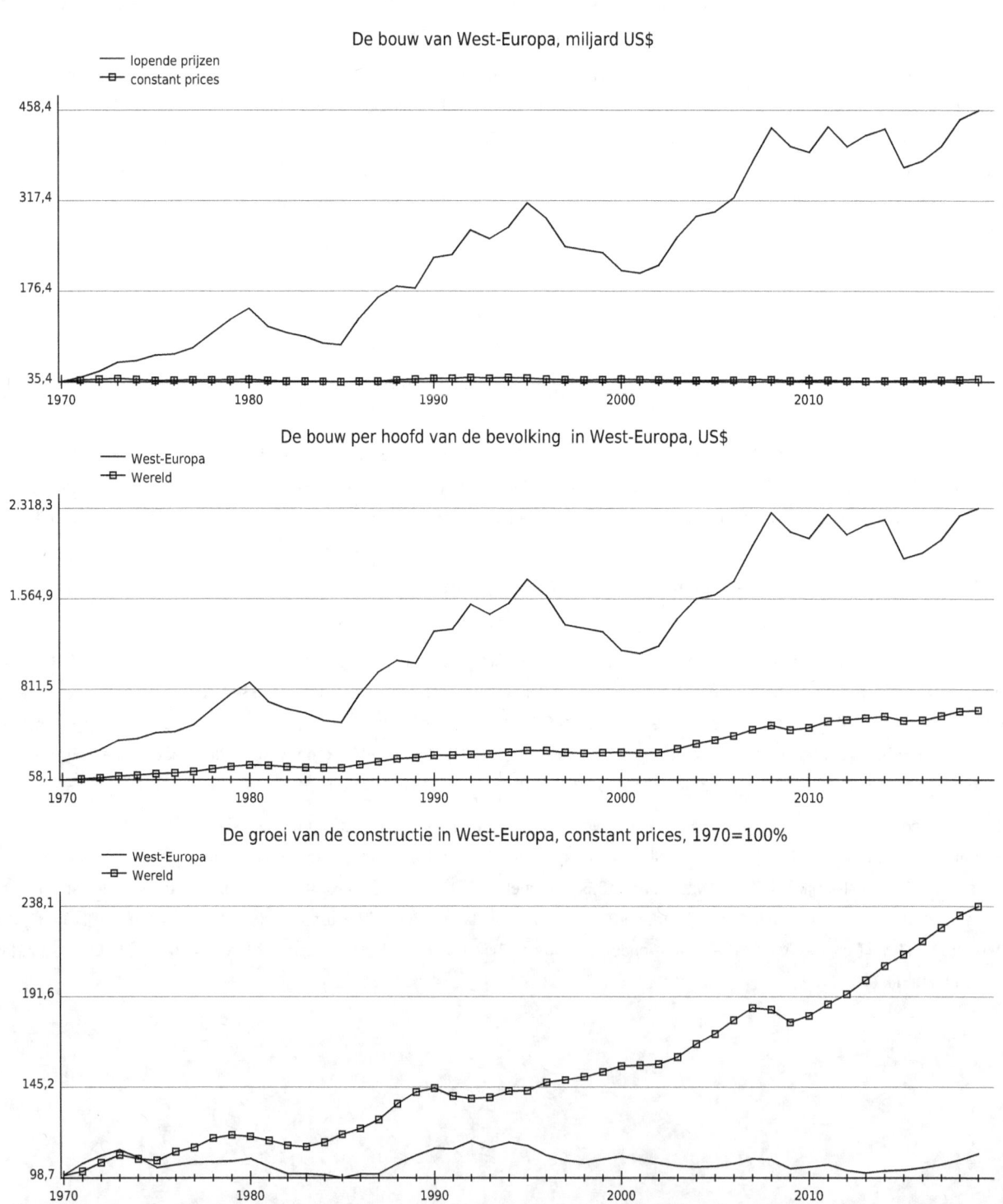

De bouw van West-Europa, miljard US$

De bouw per hoofd van de bevolking in West-Europa, US$

De groei van de constructie in West-Europa, constant prices, 1970=100%

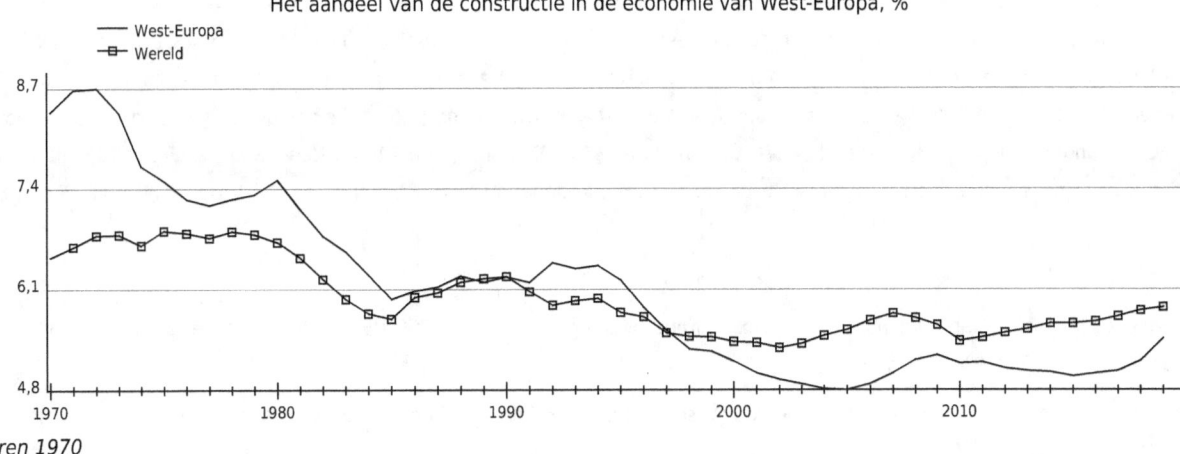

Het aandeel van de constructie in de economie van West-Europa, %

de jaren 1970

De waarde van de constructie in West-Europa bedroeg in de jaren 1970 US$75,0 miljard per jaar. Het aandeel in de wereld was 17,5%, en 37,2% in Europa.

Het aandeel van de constructie in de economie van West-Europa was 7,6% in de jaren 1970, en was vergelijkbaar met de Filipijnen (7,6%), West-Afrika (7,6%), Ivoorkust (7,6%).

De bouw per hoofd in West-Europa was $441,4 in de jaren 1970s, en was vergelijkbaar met België (US$438,9), Finland (US$433,4). De sector van de constructie per hoofd in West-Europa was in 4,2 keer hoger dan de constructie per hoofd van de bevolking in de wereld ($106,1), en was 58,9% hoger dan de constructie per hoofd van de bevolking in Europa ($106,1).

De groei van de constructie in West-Europa bedroeg 0.8% in de jaren 1970. De groei van de constructie in West-Europa (0,77%) was minder dan de groei van de constructie in de wereld (2,1%), was minder dan de groei van de constructie in Europa (1,3%).

Vergelijking met subregio's. De constructie van West-Europa was groter dan in Oost-Europa (US$64,0 miljard), in Zuid-Europa (US$33,4 miljard) en in Noord-Europa (US$29,1 miljard). De sector van de constructie per hoofd in West-Europa was in West-Europa groter dan in Noord-Europa (US$358,4), in Zuid-Europa (US$251,6) en in Oost-Europa (US$187,5). De groei van de constructie in West-Europa was groter dan in Zuid-Europa (0,49%) en in Noord-Europa (-0,12%); maar minder dan in Oost-Europa (6,2%).

Leiders. De sector van de constructie in West-Europa in de jaren 1970 bestond uit: Duitsland (45,0%), Frankrijk (29,8%), Nederland (8,7%), Zwitserland (6,3%), België (5,7%), en andere (4,6%). Het aandeel van de constructie in economie van de leiders: Zwitserland (7,8%), België (7,7%), Duitsland (7,6%), Frankrijk (7,5%) en Nederland (7,4%). De constructie per hoofd in West-Europa onder de leiders: Zwitserland ($748,5), Nederland ($479,7), België ($438,9), Duitsland ($428,6) en Frankrijk ($417,3). De groei van de constructie onder de leiders: België (2,3%), Frankrijk (2,0%), Zwitserland (0,83%), Duitsland (0,66%) en Nederland (-4,1%).

de jaren 1980

De constructie van West-Europa bedroeg in de jaren 1980 US$134,1 miljard per jaar. Het aandeel in de wereld was 14,9%, en 37,8% in Europa.

Het aandeel van de constructie in de economie van West-Europa was 6,5% in de jaren 1980, en was vergelijkbaar met Noord-Europa (6,4%), Zuid-Azië (6,5%), Griekenland (6,4%).

De toegevoegde waarde van de constructie per hoofd in West-Europa was $773,3 in de jaren 1980s, en was vergelijkbaar met Noord-Amerika (US$772,7), Oostenrijk (US$782,5), Noord-Europa (US$762,6). De waarde van de constructie per hoofd in West-Europa was in 4,2 keer hoger dan de constructie per hoofd van de bevolking in de wereld ($186,2), en was 67,1% hoger dan de constructie per hoofd van de bevolking in Europa ($186,2).

De groei van de constructie in West-Europa bedroeg 0.3% in de jaren 1980. De groei van de constructie in West-Europa (0,27%) was minder dan de groei van de constructie in de wereld (1,7%), was minder dan de groei van de constructie in Europa (1,9%).

Vergelijking met subregio's. De sector van de constructie in West-Europa was groter dan in Oost-Europa (US$90,4 miljard), in Zuid-Europa (US$67,6 miljard) en in Noord-Europa (US$63,1 miljard). De bouw per hoofd in West-Europa was in West-Europa groter dan in Noord-Europa (US$762,6), in Zuid-Europa (US$478,0) en in Oost-Europa (US$244,4). De groei van de constructie in

West-Europa was minder dan in Oost-Europa (4,9%), in Noord-Europa (3,2%) en in Zuid-Europa (1,2%).

Leiders. De toegevoegde waarde van de constructie in West-Europa in de jaren 1980 bestond uit: Duitsland (43,1%), Frankrijk (31,7%), Zwitserland (8,5%), Nederland (7,3%), België (4,6%), en andere (4,8%). Het aandeel van de constructie in economie van de leiders: Zwitserland (8,1%), Frankrijk (6,5%), Duitsland (6,4%), België (5,7%) en Nederland (5,5%). De sector van de constructie per hoofd in West-Europa onder de leiders: Zwitserland ($1.785,4), Frankrijk ($751,9), Duitsland ($740,2), Nederland ($677,6) en België ($617,5). De groei van de constructie onder de leiders: Zwitserland (3,3%), Nederland (0,67%), Frankrijk (0,67%), Duitsland (-0,52%) en België (-0,73%).

de jaren 1990

De toegevoegde waarde van de constructie in West-Europa bedroeg in de jaren 1990 US$259,5 miljard per jaar. Het aandeel in de wereld was 16,3%, en 46,9% in Europa.

Het aandeel van de constructie in de economie van West-Europa was 6,0% in de jaren 1990, en was vergelijkbaar met Benin (6,0%), Kroatië (6,0%), Slowakije (6,0%).

De toegevoegde waarde van de constructie per hoofd in West-Europa was $1.434,5 in de jaren 1990s. De waarde van de constructie per hoofd in West-Europa was in 5,1 keer hoger dan de constructie per hoofd van de bevolking in de wereld ($278,6), en was 88,6% hoger dan de constructie per hoofd van de bevolking in Europa ($278,6).

De groei van de constructie in West-Europa bedroeg -0.2% in de jaren 1990. De groei van de constructie in West-Europa (-0,19%) was minder dan de groei van de constructie in de wereld (0,71%), was groter dan de groei van de constructie in Europa (-1,7%).

Vergelijking met subregio's. De constructie van West-Europa was groter dan in Zuid-Europa (US$129,8 miljard), in Noord-Europa (US$104,8 miljard) en in Oost-Europa (US$58,7 miljard). De toegevoegde waarde van de constructie per hoofd in West-Europa was in West-Europa groter dan in Noord-Europa (US$1.128,5), in Zuid-Europa (US$900,9) en in Oost-Europa (US$190,2). De groei van de constructie in West-Europa was groter dan in Oost-Europa (-9,8%); maar minder dan in Zuid-Europa (0,30%) en in Noord-Europa (-0,10%).

Leiders. De sector van de constructie in West-Europa in de jaren 1990 bestond uit: Duitsland (48,2%), Frankrijk (26,5%), Zwitserland (7,4%), Nederland (7,3%), Oostenrijk (5,5%), en andere (5,0%). Het aandeel van de constructie in economie van de leiders: Oostenrijk (7,9%), Zwitserland (6,6%), Duitsland (6,3%), Frankrijk (5,4%) en Nederland (5,3%). De toegevoegde waarde van de constructie per hoofd in West-Europa onder de leiders: Zwitserland ($2.780,3), Oostenrijk ($1.814,3), Duitsland ($1.552,3), Nederland ($1.223,4) en Frankrijk ($1.158,8). De groei van de constructie onder de leiders: Oostenrijk (3,3%), Nederland (0,45%), Duitsland (-0,047%), Frankrijk (-0,65%) en Zwitserland (-2,7%).

de jaren 2000

De waarde van de constructie in West-Europa bedroeg in de jaren 2000 US$301,9 miljard per jaar. Het aandeel in de wereld was 12,2%, en 36,0% in Europa.

Het aandeel van de constructie in de economie van West-Europa was 5,0% in de jaren 2000, en was vergelijkbaar met Saoedi-Arabië (5,0%), Kiribati (5,0%), Amerika (5,0%).

De constructie per hoofd in West-Europa was $1.612,8 in de jaren 2000s, en was vergelijkbaar met Zuid-Europa (US$1.601,6), België (US$1.642,6), Oceanië (US$1.644,6). De toegevoegde waarde van de constructie per hoofd in West-Europa was in 4,2 keer hoger dan de constructie per hoofd van de bevolking in de wereld ($381,3), en was 40,6% hoger dan de constructie per hoofd van de bevolking in Europa ($381,3).

De groei van de constructie in West-Europa bedroeg -0.4% in de jaren 2000, en was vergelijkbaar met Tonga (-0,44%). De groei van de constructie in West-Europa (-0,44%) was minder dan de groei van de constructie in de wereld (1,5%), was minder dan de groei van de constructie in Europa (0,97%).

Vergelijking met subregio's. De waarde van de constructie in West-Europa was groter dan in Zuid-Europa (US$238,5 miljard), in Noord-Europa (US$203,5 miljard) en in Oost-Europa (US$94,8 miljard). De constructie per hoofd in West-Europa was in West-Europa groter dan in Zuid-Europa (US$1.601,6) en in Oost-Europa (US$317,4); maar minder dan in Noord-Europa (US$2,1 duizend). De groei van de constructie in West-Europa was minder dan in Oost-Europa (5,6%), in Zuid-Europa (1,3%) en in Noord-Europa (0,70%).

Leiders. De waarde van de constructie in West-Europa in de jaren 2000 bestond uit: Frankrijk (35,1%), Duitsland (34,5%), Nederland (11,0%), Zwitserland (6,6%), Oostenrijk (6,3%), en andere (6,5%). Het aandeel van de constructie in economie van de leiders: Oostenrijk (7,0%), Frankrijk (5,6%), Nederland (5,6%), Zwitserland (5,0%) en Duitsland (4,2%). De sector van de constructie per hoofd in West-Europa onder de leiders: Zwitserland ($2.679,3), Oostenrijk ($2.310,6), Nederland ($2.030,6), Frankrijk ($1.688,4) en Duitsland ($1.281,3). De groei van de constructie onder de leiders: Frankrijk (1,3%), Nederland (0,86%), Zwitserland (0,41%), Oostenrijk (-0,46%) en Duitsland (-2,9%).

de jaren 2010

De waarde van de constructie in West-Europa bedroeg in de jaren 2010 US$413,1 miljard per jaar. Het aandeel in de wereld was 9,8%, en 39,2% in Europa.

Het aandeel van de constructie in de economie van West-Europa was 5,1% in de jaren 2010, en was vergelijkbaar met Mauritius (5,1%), Costa Rica (5,2%), Denemarken (5,1%).

De constructie per hoofd in West-Europa was $2.130,6 in de jaren 2010s, en was vergelijkbaar met de Verenigde Staten (US$2,1 duizend), Panama (US$2,1 duizend), Israël (US$2,1 duizend). De constructie per hoofd in West-Europa was in 3,7 keer hoger dan de constructie per hoofd van de bevolking in de wereld ($572,1), en was 50,5% hoger dan de constructie per hoofd van de bevolking in Europa ($572,1).

De groei van de constructie in West-Europa bedroeg 0.7% in de jaren 2010. De groei van de constructie in West-Europa (0,72%) was minder dan de groei van de constructie in de wereld (2,9%), was groter dan de groei van de constructie in Europa (0,50%).

Vergelijking met subregio's. De sector van de constructie in West-Europa was 65,7% groter dan in Noord-Europa (US$249,3 miljard), 2,1 keer groter dan in Oost-Europa (US$197,9 miljard) en 2,1 keer groter dan in Zuid-Europa (US$193,0 miljard). De sector van de constructie per hoofd in West-Europa was in West-Europa68,8% groter dan in Zuid-Europa (US$1.262,0) en 3,2 keer groter dan in Oost-Europa (US$672,3); maar 12,0% minder dan in Noord-Europa (US$2,4 duizend). De groei van de constructie in West-Europa was groter dan in Zuid-Europa (-3,3%); maar minder dan in Noord-Europa (2,7%) en in Oost-Europa (1,3%).

Leiders. De sector van de constructie in West-Europa in de jaren 2010 bestond uit: Duitsland (37,1%), Frankrijk (33,4%), Nederland (8,7%), Zwitserland (8,2%), België (5,8%), en andere (6,8%). Het aandeel van de constructie in economie van de leiders: Frankrijk (5,7%), België (5,3%), Zwitserland (5,0%), Nederland (4,6%) en Duitsland (4,6%). De constructie per hoofd in West-Europa onder de leiders: Zwitserland ($4.130,2), België ($2.144,7), Nederland ($2.115,1), Frankrijk ($2.079,7) en Duitsland ($1.871,9). De groei van de constructie onder de leiders: België (2,2%), Duitsland (1,8%), Zwitserland (1,6%), Nederland (0,92%) en Frankrijk (-0,78%).

Hoofdstuk VII. Vervoer

Transport, opslag en communicatie (ISIC I)

De sector van het transport in West-Europa steeg van US$74,3 miljard per jaar in de jaren 1970 tot US$747,3 miljard per jaar in de jaren 2010, dat wil zeggen met US$673,0 miljard of 10,1 keer. De verandering vond plaats op US$494,0 miljard als gevolg van een 2,9-voudige stijging van de prijzen, en ook op US$168,6 miljard als gevolg van een 3,0-voudige toename van de productiviteit , evenals op US$10,4 miljard als gevolg van de toename van de bevolking. De gemiddelde jaarlijkse groei van het transport is 3,0%. De minimumwaarde van het transport bedroeg US$32,3 miljard in 1970. De maximumwaarde van het transport bedroeg US$804,9 miljard in 2018.

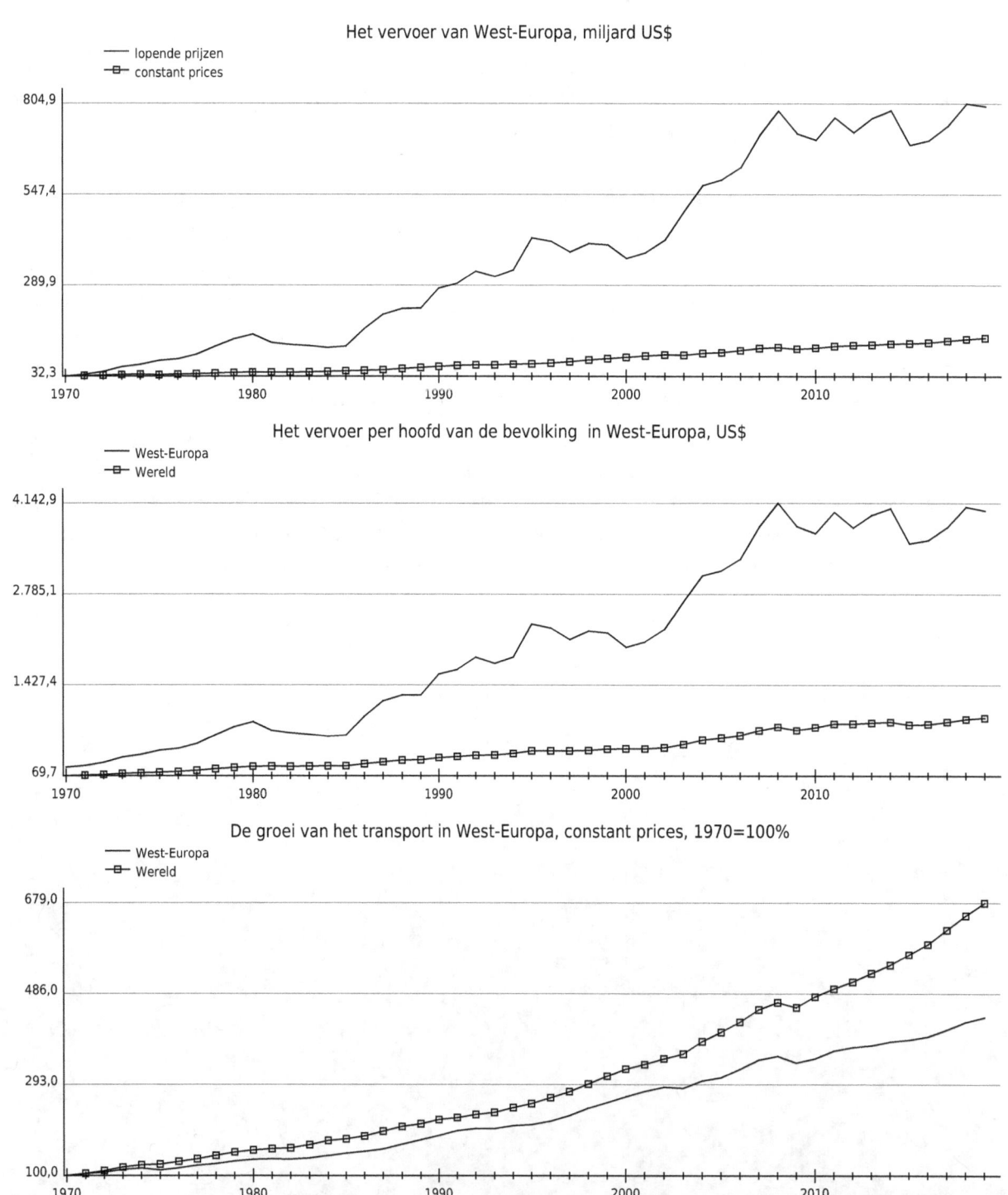

Het vervoer van West-Europa, miljard US$

Het vervoer per hoofd van de bevolking in West-Europa, US$

De groei van het transport in West-Europa, constant prices, 1970=100%

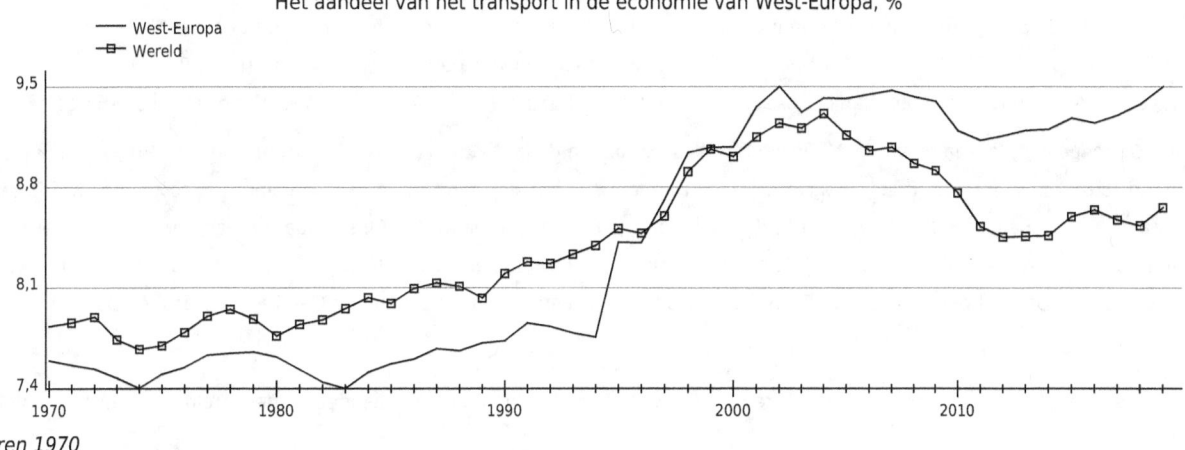

Het aandeel van het transport in de economie van West-Europa, %

de jaren 1970

De toegevoegde waarde van het transport in West-Europa bedroeg in de jaren 1970 US$74,3 miljard per jaar. Het aandeel in de wereld was 15,1%, en 41,3% in Europa.

Het aandeel van het transport in de economie van West-Europa was 7,5% in de jaren 1970, en was vergelijkbaar met Oost-Azië (7,6%), Benin (7,6%), Malta (7,6%).

De toegevoegde waarde van het transport per hoofd in West-Europa was $437,2 in de jaren 1970s, en was vergelijkbaar met Frans-Polynesië (US$445,7), Frankrijk (US$447,4). De waarde van het transport per hoofd in West-Europa was in 3,6 keer hoger dan het transport per hoofd van de bevolking in de wereld ($122,3), en was 76,1% hoger dan het transport per hoofd van de bevolking in Europa ($122,3).

De groei van het transport in West-Europa bedroeg 3% in de jaren 1970, en was vergelijkbaar met Liechtenstein (3,0%), Duitsland (3,0%). De groei van het transport in West-Europa (3,0%) was minder dan de groei van het transport in de wereld (4,6%), was minder dan de groei van het transport in Europa (4,3%).

Vergelijking met subregio's. De waarde van het transport in West-Europa was groter dan in Noord-Europa (US$40,0 miljard), in Oost-Europa (US$36,5 miljard) en in Zuid-Europa (US$29,3 miljard). De sector van het transport per hoofd in West-Europa was in West-Europa groter dan in Zuid-Europa (US$221,0) en in Oost-Europa (US$106,8); maar minder dan in Noord-Europa (US$492,2). De groei van het transport in West-Europa was groter dan in Noord-Europa (2,5%); maar minder dan in Oost-Europa (7,3%) en in Zuid-Europa (5,4%).

Leiders. Het transport van West-Europa in de jaren 1970 bestond uit: Duitsland (39,8%), Frankrijk (32,3%), Nederland (9,2%), Zwitserland (7,4%), België (6,7%), en andere (4,5%). Het aandeel van het transport in economie van de leiders: Zwitserland (9,1%), België (9,0%), Frankrijk (8,1%), Nederland (7,7%) en Duitsland (6,7%). Het vervoer per hoofd in West-Europa onder de leiders: Zwitserland ($876,9), België ($512,1), Nederland ($503,4), Frankrijk ($447,4) en Duitsland ($376,1). De groei van het transport onder de leiders: Frankrijk (4,1%), Nederland (3,6%), Duitsland (3,0%), België (1,7%) en Zwitserland (0,95%).

de jaren 1980

De toegevoegde waarde van het transport in West-Europa bedroeg in de jaren 1980 US$157,2 miljard per jaar. Het aandeel in de wereld was 13,4%, en 41,4% in Europa.

Het aandeel van het transport in de economie van West-Europa was 7,6% in de jaren 1980, en was vergelijkbaar met Oost-Azië (7,6%), de Caraïben (7,6%), Benin (7,6%).

Het transport per hoofd in West-Europa was $906,4 in de jaren 1980s, en was vergelijkbaar met Nauru (US$906,3). De toegevoegde waarde van het transport per hoofd in West-Europa was in 3,7 keer hoger dan het transport per hoofd van de bevolking in de wereld ($242,0), en was 83,3% hoger dan het transport per hoofd van de bevolking in Europa ($242,0).

De groei van het transport in West-Europa bedroeg 3% in de jaren 1980, en was vergelijkbaar met het Verenigd Koninkrijk (3,0%), de Maldiven (3,0%), Hongarije (3,0%). De groei van het transport in West-Europa (3,0%) was minder dan de groei van het transport in de wereld (3,4%), was groter dan de groei van het transport in Europa (2,8%).

Vergelijking met subregio's. De waarde van het transport in West-Europa was groter dan in Noord-Europa (US$88,0 miljard), in Zuid-Europa (US$80,5 miljard) en in Oost-Europa (US$53,9 miljard). Het vervoer per hoofd in West-Europa was in West-Europa groter dan in Zuid-Europa (US$569,9) en in Oost-Europa (US$145,6); maar minder dan in Noord-Europa (US$1.063,5). De groei van het transport in West-Europa was groter dan in Oost-Europa (1,8%); maar minder dan in Zuid-Europa (3,3%) en in Noord-Europa (3,0%).

Leiders. De toegevoegde waarde van het transport in West-Europa in de jaren 1980 bestond uit: Duitsland (36,0%), Frankrijk (35,7%), Nederland (8,8%), Zwitserland (8,1%), België (6,1%), en andere (5,2%). Het aandeel van het transport in economie van de leiders: Zwitserland (9,0%), België (8,9%), Frankrijk (8,6%), Nederland (7,8%) en Duitsland (6,2%). De waarde van het transport per hoofd in West-Europa onder de leiders: Zwitserland ($1.992,9), Frankrijk ($993,7), België ($972,9), Nederland ($956,8) en Duitsland ($725,5). De groei van het transport onder de leiders: Frankrijk (5,4%), Zwitserland (2,7%), Nederland (2,7%), België (2,1%) en Duitsland (1,8%).

de jaren 1990

Het transport van West-Europa bedroeg in de jaren 1990 US$359,1 miljard per jaar. Het aandeel in de wereld was 15,4%, en 45,8% in Europa.

Het aandeel van het transport in de economie van West-Europa was 8,3% in de jaren 1990, en was vergelijkbaar met Noord-Afrika (8,4%), Chili (8,4%), Kameroen (8,4%).

De sector van het transport per hoofd in West-Europa was $1.984,9 in de jaren 1990s, en was vergelijkbaar met Frankrijk (US$1.999,2), het Verenigd Koninkrijk (US$2,0 duizend), de Nederland (US$2,0 duizend). De sector van het transport per hoofd in West-Europa was in 4,8 keer hoger dan het transport per hoofd van de bevolking in de wereld ($409,5), en was 83,8% hoger dan het transport per hoofd van de bevolking in Europa ($409,5).

De groei van het transport in West-Europa bedroeg 3.8% in de jaren 1990, en was vergelijkbaar met Djibouti (3,7%), Andorra (3,8%), Oostenrijk (3,8%). De groei van het transport in West-Europa (3,8%) was minder dan de groei van het transport in de wereld (4,0%), was groter dan de groei van het transport in Europa (2,4%).

Vergelijking met subregio's. De toegevoegde waarde van het transport in West-Europa was groter dan in Noord-Europa (US$191,6 miljard), in Zuid-Europa (US$166,1 miljard) en in Oost-Europa (US$68,1 miljard). Het transport per hoofd in West-Europa was in West-Europa groter dan in Zuid-Europa (US$1.152,7) en in Oost-Europa (US$220,5); maar minder dan in Noord-Europa (US$2,1 duizend). De groei van het transport in West-Europa was groter dan in Zuid-Europa (3,2%) en in Oost-Europa (-4,6%); maar minder dan in Noord-Europa (4,6%).

Leiders. De sector van het transport in West-Europa in de jaren 1990 bestond uit: Duitsland (40,2%), Frankrijk (33,1%), Nederland (8,7%), Zwitserland (7,0%), België (5,9%), en andere (5,2%). Het aandeel van het transport in economie van de leiders: België (9,6%), Frankrijk (9,3%), Nederland (8,7%), Zwitserland (8,6%) en Duitsland (7,3%). De waarde van het transport per hoofd in West-Europa onder de leiders: Zwitserland ($3.612,1), België ($2.082,5), Nederland ($2.031,7), Frankrijk ($1.999,2) en Duitsland ($1.789,0). De groei van het transport onder de leiders: Nederland (5,1%), Frankrijk (4,8%), Duitsland (3,9%), België (2,3%) en Zwitserland (0,62%).

de jaren 2000

De toegevoegde waarde van het transport in West-Europa bedroeg in de jaren 2000 US$566,9 miljard per jaar. Het aandeel in de wereld was 14,0%, en 41,9% in Europa.

Het aandeel van het transport in de economie van West-Europa was 9,4% in de jaren 2000, en was vergelijkbaar met Monaco (9,4%), Somalië (9,4%), de Verenigde Staten (9,4%).

De sector van het transport per hoofd in West-Europa was $3.028,8 in de jaren 2000s, en was vergelijkbaar met Oostenrijk (US$3,0 duizend), Frankrijk (US$3,0 duizend). De toegevoegde waarde van het transport per hoofd in West-Europa was in 4,9 keer hoger dan het transport per hoofd van de bevolking in de wereld ($621,1), en was 63,7% hoger dan het transport per hoofd van de bevolking in Europa ($621,1).

De groei van het transport in West-Europa bedroeg 2.9% in de jaren 2000. De groei van het transport in West-Europa (2,9%) was minder dan de groei van het transport in de wereld (3,9%), was minder dan de groei van het transport in Europa (3,1%).

Vergelijking met subregio's. De sector van het transport in West-Europa was groter dan in Noord-Europa (US$350,7 miljard), in Zuid-Europa (US$286,1 miljard) en in Oost-Europa (US$148,6 miljard). Het vervoer per hoofd in West-Europa was in West-Europa groter dan in Zuid-Europa (US$1.921,0) en in Oost-Europa (US$497,7); maar minder dan in Noord-Europa (US$3,6 duizend). De groei van het transport in West-Europa was groter dan in Zuid-Europa (2,8%); maar minder dan in Oost-Europa (4,4%) en in Noord-Europa (3,1%).

Leiders. De waarde van het transport in West-Europa in de jaren 2000 bestond uit: Duitsland (40,3%), Frankrijk (32,7%), Nederland (10,2%), België (5,9%), Zwitserland (5,8%), en andere (5,1%). Het aandeel van het transport in economie van de leiders: België (10,2%), Frankrijk (9,8%), Nederland (9,7%), Duitsland (9,1%) en Zwitserland (8,3%). Het transport per hoofd in West-Europa onder de leiders: Zwitserland ($4.464,7), Nederland ($3.535,2), België ($3.178,3), Frankrijk ($2.955,1) en Duitsland ($2.803,7). De groei van het transport onder de leiders: Nederland (3,5%), Duitsland (3,4%), Frankrijk (2,7%), België (2,5%) en Zwitserland (2,0%).

de jaren 2010

De sector van het transport in West-Europa bedroeg in de jaren 2010 US$747,3 miljard per jaar. Het aandeel in de wereld was 11,8%, en 41,5% in Europa.

Het aandeel van het transport in de economie van West-Europa was 9,3% in de jaren 2010, en was vergelijkbaar met Kroatië (9,3%), Italië (9,3%), Oost-Europa (9,3%).

De toegevoegde waarde van het transport per hoofd in West-Europa was $3.854,9 in de jaren 2010s, en was vergelijkbaar met Oostenrijk (US$3,9 duizend), het Verenigd Koninkrijk (US$3,9 duizend), Hongkong (US$3,9 duizend). De waarde van het transport per hoofd in West-Europa was in 4,5 keer hoger dan het transport per hoofd van de bevolking in de wereld ($864,8), en was 59,1% hoger dan het transport per hoofd van de bevolking in Europa ($864,8).

De groei van het transport in West-Europa bedroeg 2.5% in de jaren 2010. De groei van het transport in West-Europa (2,5%) was minder dan de groei van het transport in de wereld (4,0%), was minder dan de groei van het transport in Europa (2,6%).

Vergelijking met subregio's. De sector van het transport in West-Europa was 62,2% groter dan in Noord-Europa (US$460,8 miljard), 2,3 keer groter dan in Zuid-Europa (US$330,3 miljard) en 2,8 keer groter dan in Oost-Europa (US$263,8 miljard). Het transport per hoofd in West-Europa was in West-Europa78,5% groter dan in Zuid-Europa (US$2,2 duizend) en 4,3 keer groter dan in Oost-Europa (US$896,5); maar 13,9% minder dan in Noord-Europa (US$4,5 duizend). De groei van het transport in West-Europa was groter dan in Zuid-Europa (0,89%); maar minder dan in Noord-Europa (3,6%) en in Oost-Europa (3,5%).

Leiders. De waarde van het transport in West-Europa in de jaren 2010 bestond uit: Duitsland (40,1%), Frankrijk (31,0%), Nederland (9,8%), Zwitserland (7,5%), België (6,0%), en andere (5,5%). Het aandeel van het transport in economie van de leiders: België (9,9%), Frankrijk (9,7%), Nederland (9,5%), Duitsland (9,1%) en Zwitserland (8,3%). De sector van het transport per hoofd in West-Europa onder de leiders: Zwitserland ($6.841,5), Nederland ($4.325,1), België ($3.996,4), Duitsland ($3.665,2) en Frankrijk ($3.498,3). De groei van het transport onder de leiders: Duitsland (2,7%), Frankrijk (2,6%), Nederland (2,4%), België (2,2%) en Zwitserland (1,6%).

Hoofdstuk VIII. Handel

Groothandel, detailhandel, restaurants en hotels (ISIC G-H)

De waarde van de handel in West-Europa steeg van US$138,3 miljard per jaar in de jaren 1970 tot US$1,1 biljoen per jaar in de jaren 2010, dat wil zeggen met US$925,0 miljard of 7,7 keer. De verandering vond plaats op US$747,0 miljard als gevolg van een 3,4-voudige stijging van de prijzen, en ook op US$158,5 miljard als gevolg van een 2,0-voudige toename van de productiviteit , evenals op US$19,4 miljard als gevolg van de toename van de bevolking. De gemiddelde jaarlijkse groei van de handel is 2,2%. De minimumwaarde van de handel bedroeg US$61,1 miljard in 1970. De maximumwaarde van de handel bedroeg US$1,1 biljoen in 2018.

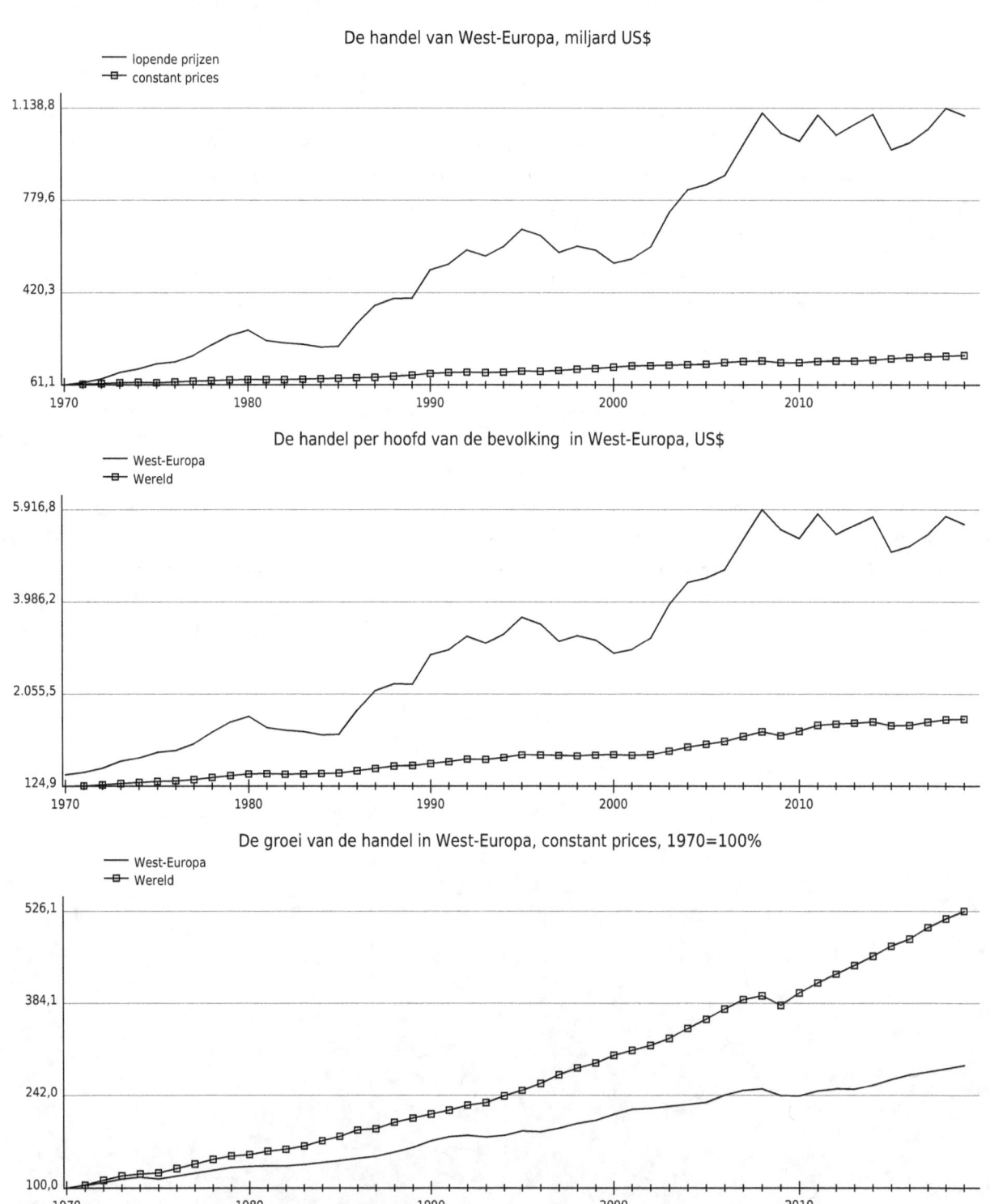

De handel van West-Europa, miljard US$

De handel per hoofd van de bevolking in West-Europa, US$

De groei van de handel in West-Europa, constant prices, 1970=100%

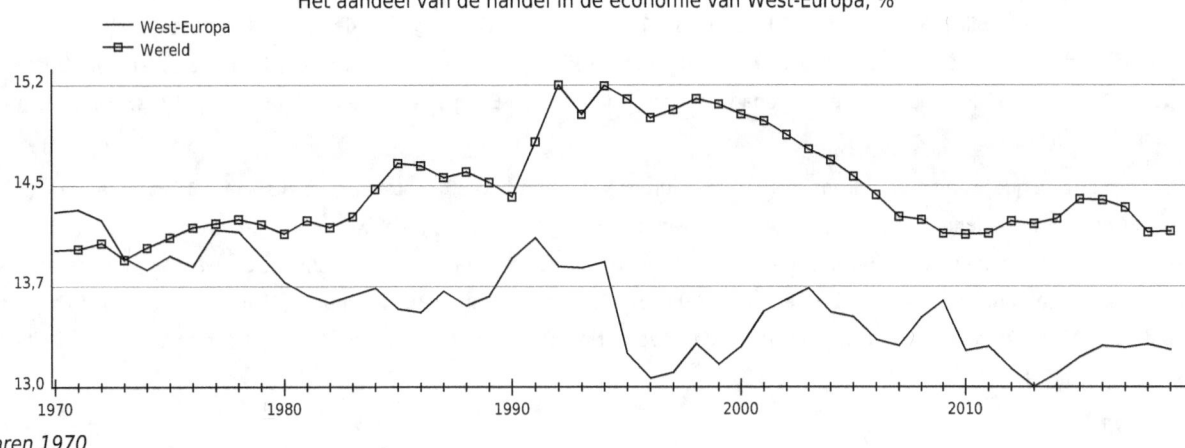

Het aandeel van de handel in de economie van West-Europa, %

— West-Europa
—□— Wereld

de jaren 1970

De waarde van de handel in West-Europa bedroeg in de jaren 1970 US$138,3 miljard per jaar. Het aandeel in de wereld was 15,5%, en 42,4% in Europa.

Het aandeel van de handel in de economie van West-Europa was 14,0% in de jaren 1970, en was vergelijkbaar met Chili (14,0%), Nieuw-Zeeland (14,1%), de Wereld (14,1%).

De toegevoegde waarde van de handel per hoofd in West-Europa was $813,5 in de jaren 1970s, en was vergelijkbaar met Japan (US$811,1). De sector van de handel per hoofd in West-Europa was in 3,7 keer hoger dan de handel per hoofd van de bevolking in de wereld ($221,0), en was 80,8% hoger dan de handel per hoofd van de bevolking in Europa ($221,0).

De groei van de handel in West-Europa bedroeg 3.1% in de jaren 1970, en was vergelijkbaar met Papoea-Nieuw-Guinea (3,1%). De groei van de handel in West-Europa (3,1%) was minder dan de groei van de handel in de wereld (4,5%), was minder dan de groei van de handel in Europa (3,6%).

Vergelijking met subregio's. De waarde van de handel in West-Europa was groter dan in Oost-Europa (US$72,7 miljard), in Zuid-Europa (US$60,9 miljard) en in Noord-Europa (US$54,7 miljard). De sector van de handel per hoofd in West-Europa was in West-Europa groter dan in Noord-Europa (US$672,7), in Zuid-Europa (US$459,1) en in Oost-Europa (US$212,7). De groei van de handel in West-Europa was groter dan in Noord-Europa (2,1%); maar minder dan in Oost-Europa (5,5%) en in Zuid-Europa (4,5%).

Leiders. De toegevoegde waarde van de handel in West-Europa in de jaren 1970 bestond uit: Duitsland (44,2%), Frankrijk (29,6%), Nederland (8,4%), Zwitserland (7,9%), België (5,3%), en andere (4,7%). Het aandeel van de handel in economie van de leiders: Zwitserland (18,2%), Frankrijk (13,8%), Duitsland (13,7%), België (13,2%) en Nederland (13,1%). De toegevoegde waarde van de handel per hoofd in West-Europa onder de leiders: Zwitserland ($1.747,8), Nederland ($852,5), Duitsland ($775,5), Frankrijk ($762,4) en België ($747,1). De groei van de handel onder de leiders: Frankrijk (3,9%), Nederland (3,6%), Duitsland (3,0%), België (2,2%) en Zwitserland (0,95%).

de jaren 1980

De sector van de handel in West-Europa bedroeg in de jaren 1980 US$283,2 miljard per jaar, en was vergelijkbaar met Japan (US$277,3 miljard). Het aandeel in de wereld was 13,4%, en 40,0% in Europa.

Het aandeel van de handel in de economie van West-Europa was 13,6% in de jaren 1980, en was vergelijkbaar met Frankrijk (13,6%), Bangladesh (13,8%).

De toegevoegde waarde van de handel per hoofd in West-Europa was $1.633,0 in de jaren 1980s, en was vergelijkbaar met Hongkong (US$1.630,4), Finland (US$1.641,9), de Nederland (US$1.620,2). De toegevoegde waarde van de handel per hoofd in West-Europa was in 3,7 keer hoger dan de handel per hoofd van de bevolking in de wereld ($437,7), en was 77,2% hoger dan de handel per hoofd van de bevolking in Europa ($437,7).

De groei van de handel in West-Europa bedroeg 2.1% in de jaren 1980, en was vergelijkbaar met de Verenigde Arabische Emiraten (2,1%), Irak (2,1%). De groei van de handel in West-Europa (2,1%) was minder dan de groei van de handel in de wereld (3,3%), was groter dan de groei van de handel in Europa (1,9%).

Vergelijking met subregio's. De sector van de handel in West-Europa was groter dan in Zuid-Europa (US$165,5 miljard), in Oost-Europa (US$130,6 miljard) en in Noord-Europa (US$128,0 miljard). De toegevoegde waarde van de handel per hoofd in West-Europa was in West-Europa groter dan in Noord-Europa (US$1.546,7), in Zuid-Europa (US$1.171,5) en in Oost-Europa (US$352,7). De groei van de handel in West-Europa was groter dan in Zuid-Europa (1,7%) en in Oost-Europa (0,27%); maar minder dan in Noord-Europa (2,7%).

Leiders. De toegevoegde waarde van de handel in West-Europa in de jaren 1980 bestond uit: Duitsland (41,2%), Frankrijk (31,2%), Zwitserland (9,0%), Nederland (8,3%), Oostenrijk (5,0%), en andere (5,3%). Het aandeel van de handel in economie van de leiders: Zwitserland (17,9%), Oostenrijk (17,3%), Frankrijk (13,6%), Nederland (13,3%) en Duitsland (12,9%). De waarde van de handel per hoofd in West-Europa onder de leiders: Zwitserland ($3.961,5), Oostenrijk ($1.855,9), Nederland ($1.620,2), Frankrijk ($1.563,0) en Duitsland ($1.496,0). De groei van de handel onder de leiders: Nederland (2,7%), Frankrijk (2,6%), Oostenrijk (2,6%), Zwitserland (2,5%) en Duitsland (1,8%).

de jaren 1990

De waarde van de handel in West-Europa bedroeg in de jaren 1990 US$585,9 miljard per jaar. Het aandeel in de wereld was 14,2%, en 44,8% in Europa.

Het aandeel van de handel in de economie van West-Europa was 13,5% in de jaren 1990, en was vergelijkbaar met Noord-Europa (13,5%), Dominica (13,5%), Oceanië (13,5%).

De sector van de handel per hoofd in West-Europa was $3.238,6 in de jaren 1990s, en was vergelijkbaar met Italië (US$3,3 duizend), Nieuw-Caledonië (US$3,2 duizend), IJsland (US$3,3 duizend). De handel per hoofd in West-Europa was in 4,5 keer hoger dan de handel per hoofd van de bevolking in de wereld ($721,8), en was 80,1% hoger dan de handel per hoofd van de bevolking in Europa ($721,8).

De groei van de handel in West-Europa bedroeg 2.3% in de jaren 1990, en was vergelijkbaar met Togo (2,3%), Zweden (2,3%). De groei van de handel in West-Europa (2,3%) was minder dan de groei van de handel in de wereld (3,5%), was groter dan de groei van de handel in Europa (2,0%).

Vergelijking met subregio's. De handel van West-Europa was groter dan in Zuid-Europa (US$341,6 miljard), in Noord-Europa (US$260,7 miljard) en in Oost-Europa (US$118,4 miljard). De waarde van de handel per hoofd in West-Europa was in West-Europa groter dan in Noord-Europa (US$2,8 duizend), in Zuid-Europa (US$2,4 duizend) en in Oost-Europa (US$383,5). De groei van de handel in West-Europa was groter dan in Zuid-Europa (1,8%) en in Oost-Europa (-0,33%); maar minder dan in Noord-Europa (2,9%).

Leiders. De sector van de handel in West-Europa in de jaren 1990 bestond uit: Duitsland (41,6%), Frankrijk (30,2%), Nederland (9,0%), Zwitserland (8,1%), Oostenrijk (5,3%), en andere (5,8%). Het aandeel van de handel in economie van de leiders: Oostenrijk (17,0%), Zwitserland (16,4%), Nederland (14,6%), Frankrijk (13,8%) en Duitsland (12,3%). De sector van de handel per hoofd in West-Europa onder de leiders: Zwitserland ($6.859,8), Oostenrijk ($3.938,4), Nederland ($3.402,9), Duitsland ($3.021,8) en Frankrijk ($2.980,3). De groei van de handel onder de leiders: Nederland (4,4%), Oostenrijk (2,9%), Duitsland (2,5%), Frankrijk (2,4%) en Zwitserland (0,38%).

de jaren 2000

De toegevoegde waarde van de handel in West-Europa bedroeg in de jaren 2000 US$812,0 miljard per jaar. Het aandeel in de wereld was 12,6%, en 40,1% in Europa.

Het aandeel van de handel in de economie van West-Europa was 13,5% in de jaren 2000, en was vergelijkbaar met Namibië (13,5%), Zuid-Amerika (13,5%), Bulgarije (13,6%).

De handel per hoofd in West-Europa was $4.338,1 in de jaren 2000s, en was vergelijkbaar met Zweden (US$4,3 duizend). De sector van de handel per hoofd in West-Europa was in 4,4 keer hoger dan de handel per hoofd van de bevolking in de wereld ($990,3), en was 56,5% hoger dan de handel per hoofd van de bevolking in Europa ($990,3).

De groei van de handel in West-Europa bedroeg 1.7% in de jaren 2000, en was vergelijkbaar met Duitsland (1,7%). De groei van de handel in West-Europa (1,7%) was minder dan de groei van de handel in de wereld (2,7%), was minder dan de groei van de handel in Europa (2,2%).

Vergelijking met subregio's. De handel van West-Europa was groter dan in Zuid-Europa (US$513,0 miljard), in Noord-Europa (US$437,3 miljard) en in Oost-Europa (US$263,3 miljard). De sector van de handel per hoofd in West-Europa was in West-Europa groter dan in Zuid-Europa (US$3,4 duizend) en in Oost-Europa (US$881,6); maar minder dan in Noord-Europa (US$4,5 duizend). De groei van de handel in West-Europa was groter dan in Zuid-Europa (1,3%); maar minder dan in Oost-Europa (6,5%) en in Noord-Europa (1,7%).

Leiders. De handel van West-Europa in de jaren 2000 bestond uit: Duitsland (36,5%), Frankrijk (31,6%), Nederland (10,9%), Zwitserland (8,7%), België (5,9%), en andere (6,4%). Het aandeel van de handel in economie van de leiders: Zwitserland (17,7%), Nederland (14,9%), België (14,7%), Frankrijk (13,6%) en Duitsland (11,8%). De toegevoegde waarde van de handel per hoofd in West-Europa onder de leiders: Zwitserland ($9.511,7), Nederland ($5.423,6), België ($4.568,4), Frankrijk ($4.090,9) en Duitsland ($3.637,0). De groei van de handel onder de leiders: Zwitserland (3,4%), België (1,7%), Duitsland (1,7%), Frankrijk (1,2%) en Nederland (1,2%).

de jaren 2010

De sector van de handel in West-Europa bedroeg in de jaren 2010 US$1,1 biljoen per jaar. Het aandeel in de wereld was 10,1%, en 39,5% in Europa.

Het aandeel van de handel in de economie van West-Europa was 13,2% in de jaren 2010, en was vergelijkbaar met Slowakije (13,2%), Frankrijk (13,1%), Algerije (13,3%).

De handel per hoofd in West-Europa was $5.484,5 in de jaren 2010s, en was vergelijkbaar met Qatar (US$5,4 duizend), de Verenigde Arabische Emiraten (US$5,6 duizend), Canada (US$5,6 duizend). De waarde van de handel per hoofd in West-Europa was in 3,8 keer hoger dan de handel per hoofd van de bevolking in de wereld ($1.436,8), en was 51,5% hoger dan de handel per hoofd van de bevolking in Europa ($1.436,8).

De groei van de handel in West-Europa bedroeg 1.8% in de jaren 2010, en was vergelijkbaar met Servië (1,8%), Australië (1,8%), Cyprus (1,8%). De groei van de handel in West-Europa (1,8%) was minder dan de groei van de handel in de wereld (3,3%), was minder dan de groei van de handel in Europa (2,0%).

Vergelijking met subregio's. De waarde van de handel in West-Europa was 72,2% groter dan in Zuid-Europa (US$617,3 miljard), 97,0% groter dan in Noord-Europa (US$539,6 miljard) en 2,2 keer groter dan in Oost-Europa (US$473,6 miljard). De toegevoegde waarde van de handel per hoofd in West-Europa was in West-Europa4,6% groter dan in Noord-Europa (US$5,2 duizend), 35,9% groter dan in Zuid-Europa (US$4,0 duizend) en 3,4 keer groter dan in Oost-Europa (US$1.609,1). De groei van de handel in West-Europa was groter dan in Zuid-Europa (1,4%); maar minder dan in Noord-Europa (2,9%) en in Oost-Europa (2,4%).

Leiders. De sector van de handel in West-Europa in de jaren 2010 bestond uit: Duitsland (35,0%), Frankrijk (29,7%), Zwitserland (11,4%), Nederland (11,0%), Oostenrijk (6,1%), en andere (6,8%). Het aandeel van de handel in economie van de leiders: Zwitserland (17,8%), Oostenrijk (17,3%), Nederland (15,2%), Frankrijk (13,1%) en Duitsland (11,3%). De handel per hoofd in West-Europa onder de leiders: Zwitserland ($14.770,5), Oostenrijk ($7.490,6), Nederland ($6.897,5), Frankrijk ($4.755,6) en Duitsland ($4.551,8). De groei van de handel onder de leiders: Nederland (2,7%), Duitsland (2,0%), Frankrijk (1,9%), Zwitserland (1,4%) en Oostenrijk (1,2%).

Hoofdstuk IX. Diensten

(ISIC J-P)

De waarde van de diensten in West-Europa steeg van US$360,3 miljard per jaar in de jaren 1970 tot US$4,1 biljoen per jaar in de jaren 2010, dat wil zeggen met US$3,8 biljoen of 11,4 keer. De verandering vond plaats op US$3,3 biljoen als gevolg van een 4,8-voudige stijging van de prijzen, en ook op US$446,6 miljard als gevolg van een 2,1-voudige toename van de productiviteit , evenals op US$50,6 miljard als gevolg van de toename van de bevolking. De gemiddelde jaarlijkse groei van de diensten is 2,3%. De minimumwaarde van de diensten bedroeg US$136,9 miljard in 1970. De maximumwaarde van de diensten bedroeg US$4,4 biljoen in 2014.

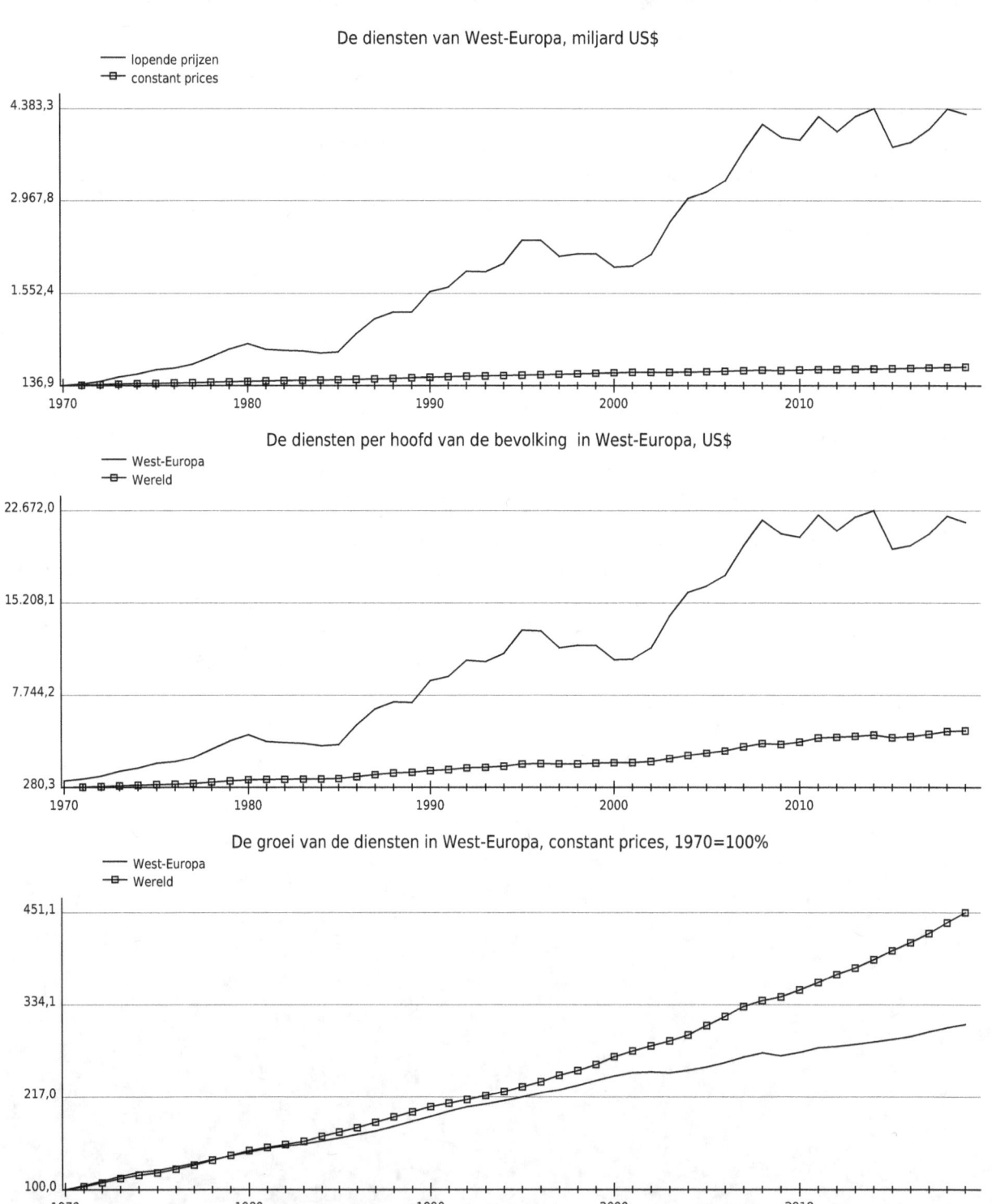

De diensten van West-Europa, miljard US$

De diensten per hoofd van de bevolking in West-Europa, US$

De groei van de diensten in West-Europa, constant prices, 1970=100%

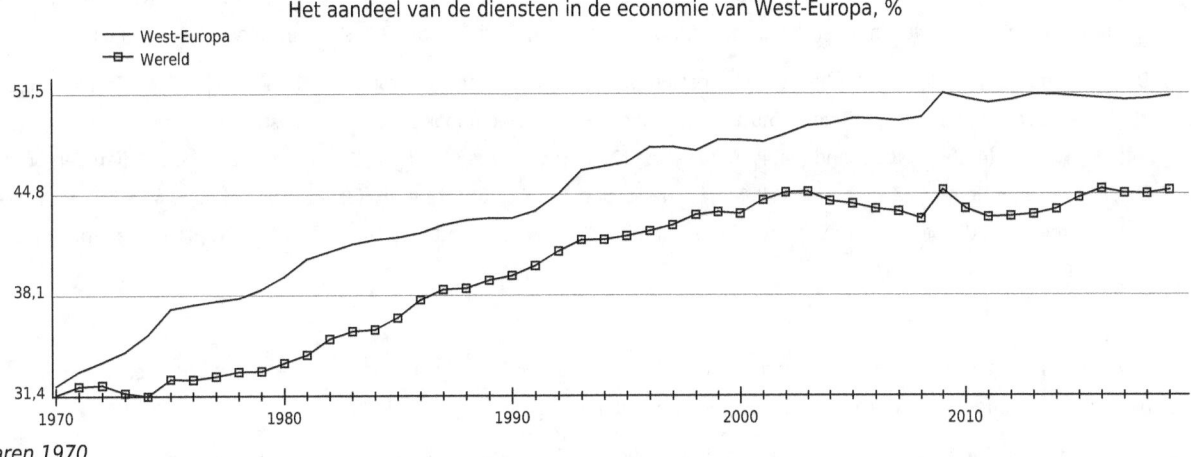

Het aandeel van de diensten in de economie van West-Europa, %

de jaren 1970

De sector van de diensten in West-Europa bedroeg in de jaren 1970 US$360,3 miljard per jaar. Het aandeel in de wereld was 17,6%, en 44,0% in Europa.

Het aandeel van de diensten in de economie van West-Europa was 36,6% in de jaren 1970, en was vergelijkbaar met Australazië (36,5%), Tunesië (36,5%), Canada (36,8%).

De sector van de diensten per hoofd in West-Europa was $2.119,8 in de jaren 1970s. De toegevoegde waarde van de diensten per hoofd in West-Europa was in 4,2 keer hoger dan de diensten per hoofd van de bevolking in de wereld ($506,9), en was 87,6% hoger dan de diensten per hoofd van de bevolking in Europa ($506,9).

De groei van de diensten in West-Europa bedroeg 4% in de jaren 1970, en was vergelijkbaar met Gambia (4,0%), Canada (4,0%), Australazië (4,0%). De groei van de diensten in West-Europa (4,0%) was minder dan de groei van de diensten in de wereld (4,1%), was groter dan de groei van de diensten in Europa (3,7%).

Vergelijking met subregio's. De sector van de diensten in West-Europa was groter dan in Oost-Europa (US$196,0 miljard), in Noord-Europa (US$150,5 miljard) en in Zuid-Europa (US$112,9 miljard). De diensten per hoofd in West-Europa waren in West-Europa groter dan in Noord-Europa (US$1.852,3), in Zuid-Europa (US$852,0) en in Oost-Europa (US$573,9). De groei van de diensten in West-Europa was groter dan in Oost-Europa (3,3%) en in Noord-Europa (3,1%); maar minder dan in Zuid-Europa (4,0%).

Leiders. De sector van de diensten in West-Europa in de jaren 1970 bestond uit: Duitsland (41,7%), Frankrijk (33,8%), Nederland (10,0%), Zwitserland (6,0%), België (5,4%), en andere (3,1%). Het aandeel van de diensten in economie van de leiders: Frankrijk (41,0%), Nederland (40,9%), Zwitserland (36,0%), België (34,9%) en Duitsland (33,8%). De diensten per hoofd in West-Europa onder de leiders: Zwitserland ($3.460,2), Nederland ($2.657,0), Frankrijk ($2.271,8), België ($1.980,8) en Duitsland ($1.907,6). De groei van de diensten onder de leiders: België (5,1%), Duitsland (4,8%), Nederland (4,3%), Frankrijk (3,9%) en Zwitserland (0,93%).

de jaren 1980

De diensten van West-Europa bedroegen in de jaren 1980 US$870,4 miljard per jaar. Het aandeel in de wereld was 16,1%, en 46,3% in Europa.

Het aandeel van de diensten in de economie van West-Europa was 41,9% in de jaren 1980, en was vergelijkbaar met Nieuw-Caledonië (41,9%), Hongkong (42,1%), Noord-Europa (41,5%).

De sector van de diensten per hoofd in West-Europa was $5.018,9 in de jaren 1980s, en was vergelijkbaar met Groenland (US$5,0 duizend), Australazië (US$4,9 duizend), Japan (US$5,1 duizend). De waarde van de diensten per hoofd in West-Europa was in 4,5 keer hoger dan de diensten per hoofd van de bevolking in de wereld ($1.115,5), en was in 2,0 keer hoger dan de diensten per hoofd van de bevolking in Europa ($1.115,5).

De groei van de diensten in West-Europa bedroeg 2.7% in de jaren 1980. De groei van de diensten in West-Europa (2,7%) was minder dan de groei van de diensten in de wereld (3,3%), was minder dan de groei van de diensten in Europa (3,0%).

Vergelijking met subregio's. De toegevoegde waarde van de diensten in West-Europa was groter dan in Noord-Europa (US$407,1 miljard), in Zuid-Europa (US$321,6 miljard) en in Oost-Europa (US$281,0 miljard). De diensten per hoofd in West-Europa waren in

West-Europa groter dan in Noord-Europa (US$4,9 duizend), in Zuid-Europa (US$2,3 duizend) en in Oost-Europa (US$759,1). De groei van de diensten in West-Europa was minder dan in Oost-Europa (4,1%), in Zuid-Europa (3,3%) en in Noord-Europa (3,0%).

Leiders. De toegevoegde waarde van de diensten in West-Europa in de jaren 1980 bestond uit: Duitsland (41,6%), Frankrijk (33,8%), Nederland (9,0%), Zwitserland (6,2%), België (5,6%), en andere (3,7%). Het aandeel van de diensten in economie van de leiders: Frankrijk (45,2%), België (45,0%), Nederland (44,4%), Duitsland (39,9%) en Zwitserland (38,1%). De waarde van de diensten per hoofd in West-Europa onder de leiders: Zwitserland ($8.445,4), Nederland ($5.422,6), Frankrijk ($5.211,0), België ($4.897,0) en Duitsland ($4.642,6). De groei van de diensten onder de leiders: België (4,1%), Duitsland (3,1%), Zwitserland (2,8%), Frankrijk (2,3%) en Nederland (2,0%).

de jaren 1990

De sector van de diensten in West-Europa bedroeg in de jaren 1990 US$2,0 biljoen per jaar, en was vergelijkbaar met Oost-Azië (US$2,1 biljoen). Het aandeel in de wereld was 17,6%, en 52,5% in Europa.

Het aandeel van de diensten in de economie van West-Europa was 46,5% in de jaren 1990, en was vergelijkbaar met Canada (46,6%), Noord-Macedonië (46,6%), Tuvalu (46,3%).

De diensten per hoofd in West-Europa waren $11.144,8 in de jaren 1990s, en waren vergelijkbaar met Duitsland (US$11,3 duizend), Noorwegen (US$11,3 duizend), de Nederland (US$10,9 duizend). De waarde van de diensten per hoofd in West-Europa was in 5,5 keer hoger dan de diensten per hoofd van de bevolking in de wereld ($2.014,6), en was in 2,1 keer hoger dan de diensten per hoofd van de bevolking in Europa ($2.014,6).

De groei van de diensten in West-Europa bedroeg 2.5% in de jaren 1990, en was vergelijkbaar met Canada (2,5%), Oostenrijk (2,5%), Dominica (2,5%). De groei van de diensten in West-Europa (2,5%) was minder dan de groei van de diensten in de wereld (2,7%), was groter dan de groei van de diensten in Europa (2,1%).

Vergelijking met subregio's. De waarde van de diensten in West-Europa was groter dan in Noord-Europa (US$887,6 miljard), in Zuid-Europa (US$769,9 miljard) en in Oost-Europa (US$168,2 miljard). De toegevoegde waarde van de diensten per hoofd in West-Europa was in West-Europa groter dan in Noord-Europa (US$9,6 duizend), in Zuid-Europa (US$5,3 duizend) en in Oost-Europa (US$544,5). De groei van de diensten in West-Europa was groter dan in Zuid-Europa (1,6%) en in Oost-Europa (0,060%); maar minder dan in Noord-Europa (2,7%).

Leiders. De waarde van de diensten in West-Europa in de jaren 1990 bestond uit: Duitsland (45,0%), Frankrijk (31,2%), Nederland (8,4%), Zwitserland (6,3%), België (5,0%), en andere (4,1%). Het aandeel van de diensten in economie van de leiders: Frankrijk (49,0%), Nederland (47,0%), België (46,0%), Duitsland (45,9%) en Zwitserland (44,0%). De sector van de diensten per hoofd in West-Europa onder de leiders: Zwitserland ($18.413,5), Duitsland ($11.259,5), Nederland ($10.949,5), Frankrijk ($10.578,2) en België ($9.990,0). De groei van de diensten onder de leiders: Duitsland (3,2%), Nederland (3,1%), België (2,7%), Frankrijk (1,6%) en Zwitserland (1,4%).

de jaren 2000

De sector van de diensten in West-Europa bedroeg in de jaren 2000 US$3,0 biljoen per jaar. Het aandeel in de wereld was 15,3%, en 46,6% in Europa.

Het aandeel van de diensten in de economie van West-Europa was 49,7% in de jaren 2000, en was vergelijkbaar met de Nederland (49,7%), Sint Maarten (49,2%).

De diensten per hoofd in West-Europa waren $15.983,8 in de jaren 2000s, en waren vergelijkbaar met Frankrijk (US$15,9 duizend), Australië (US$15,7 duizend). De waarde van de diensten per hoofd in West-Europa was in 5,3 keer hoger dan de diensten per hoofd van de bevolking in de wereld ($3.011,2), en was 81,9% hoger dan de diensten per hoofd van de bevolking in Europa ($3.011,2).

De groei van de diensten in West-Europa bedroeg 1.3% in de jaren 2000. De groei van de diensten in West-Europa (1,3%) was minder dan de groei van de diensten in de wereld (2,9%), was minder dan de groei van de diensten in Europa (2,0%).

Vergelijking met subregio's. De sector van de diensten in West-Europa was groter dan in Noord-Europa (US$1,6 biljoen), in Zuid-Europa (US$1,4 biljoen) en in Oost-Europa (US$453,4 miljard). De sector van de diensten per hoofd in West-Europa was in West-Europa groter dan in Zuid-Europa (US$9,2 duizend) en in Oost-Europa (US$1.518,0); maar minder dan in Noord-Europa (US$16,8 duizend). De groei van de diensten in West-Europa was minder dan in Oost-Europa (3,8%), in Noord-Europa (2,5%) en in Zuid-Europa

(2,2%).

Leiders. De sector van de diensten in West-Europa in de jaren 2000 bestond uit: Duitsland (40,8%), Frankrijk (33,3%), Nederland (9,9%), Zwitserland (6,1%), België (5,4%), en andere (4,6%). Het aandeel van de diensten in economie van de leiders: Frankrijk (52,9%), Nederland (49,7%), België (48,9%), Duitsland (48,8%) en Zwitserland (46,3%). De waarde van de diensten per hoofd in West-Europa onder de leiders: Zwitserland ($24.907,8), Nederland ($18.076,0), Frankrijk ($15.875,1), België ($15.239,0) en Duitsland ($14.979,9). De groei van de diensten onder de leiders: Nederland (1,9%), België (1,8%), Zwitserland (1,7%), Frankrijk (1,5%) en Duitsland (0,57%).

de jaren 2010

De waarde van de diensten in West-Europa bedroeg in de jaren 2010 US$4,1 biljoen per jaar. Het aandeel in de wereld was 12,6%, en 45,4% in Europa.

Het aandeel van de diensten in de economie van West-Europa was 51,2% in de jaren 2010, en was vergelijkbaar met Oceanië (51,4%), Canada (51,1%), Noord-Europa (50,9%).

De diensten per hoofd in West-Europa waren $21.280,7 in de jaren 2010s, en waren vergelijkbaar met België (US$21,5 duizend), Noord-Europa (US$20,9 duizend). De toegevoegde waarde van de diensten per hoofd in West-Europa was in 4,8 keer hoger dan de diensten per hoofd van de bevolking in de wereld ($4.467,8), en was 74,2% hoger dan de diensten per hoofd van de bevolking in Europa ($4.467,8).

De groei van de diensten in West-Europa bedroeg 1.4% in de jaren 2010, en was vergelijkbaar met Slovenië (1,4%), Frankrijk (1,4%), Servië (1,4%). De groei van de diensten in West-Europa (1,4%) was minder dan de groei van de diensten in de wereld (2,7%), was groter dan de groei van de diensten in Europa (1,3%).

Vergelijking met subregio's. De toegevoegde waarde van de diensten in West-Europa was 91,5% groter dan in Noord-Europa (US$2,2 biljoen), 2,3 keer groter dan in Zuid-Europa (US$1,8 biljoen) en 4,0 keer groter dan in Oost-Europa (US$1,0 biljoen). De toegevoegde waarde van de diensten per hoofd in West-Europa was in West-Europa1,6% groter dan in Noord-Europa (US$20,9 duizend), 83,6% groter dan in Zuid-Europa (US$11,6 duizend) en 6,1 keer groter dan in Oost-Europa (US$3,5 duizend). De groei van de diensten in West-Europa was groter dan in Zuid-Europa (0,45%); maar minder dan in Oost-Europa (1,9%) en in Noord-Europa (1,7%).

Leiders. De toegevoegde waarde van de diensten in West-Europa in de jaren 2010 bestond uit: Duitsland (39,0%), Frankrijk (32,5%), Nederland (9,8%), Zwitserland (7,9%), België (5,9%), en andere (5,0%). Het aandeel van de diensten in economie van de leiders: Frankrijk (55,8%), België (53,3%), Nederland (52,6%), Duitsland (48,7%) en Zwitserland (47,7%). De waarde van de diensten per hoofd in West-Europa onder de leiders: Zwitserland ($39.473,2), Nederland ($23.954,1), België ($21.466,9), Frankrijk ($20.220,5) en Duitsland ($19.637,7). De groei van de diensten onder de leiders: België (1,9%), Zwitserland (1,9%), Frankrijk (1,4%), Duitsland (1,2%) en Nederland (1,1%).

Part III. Externe betrekkingen

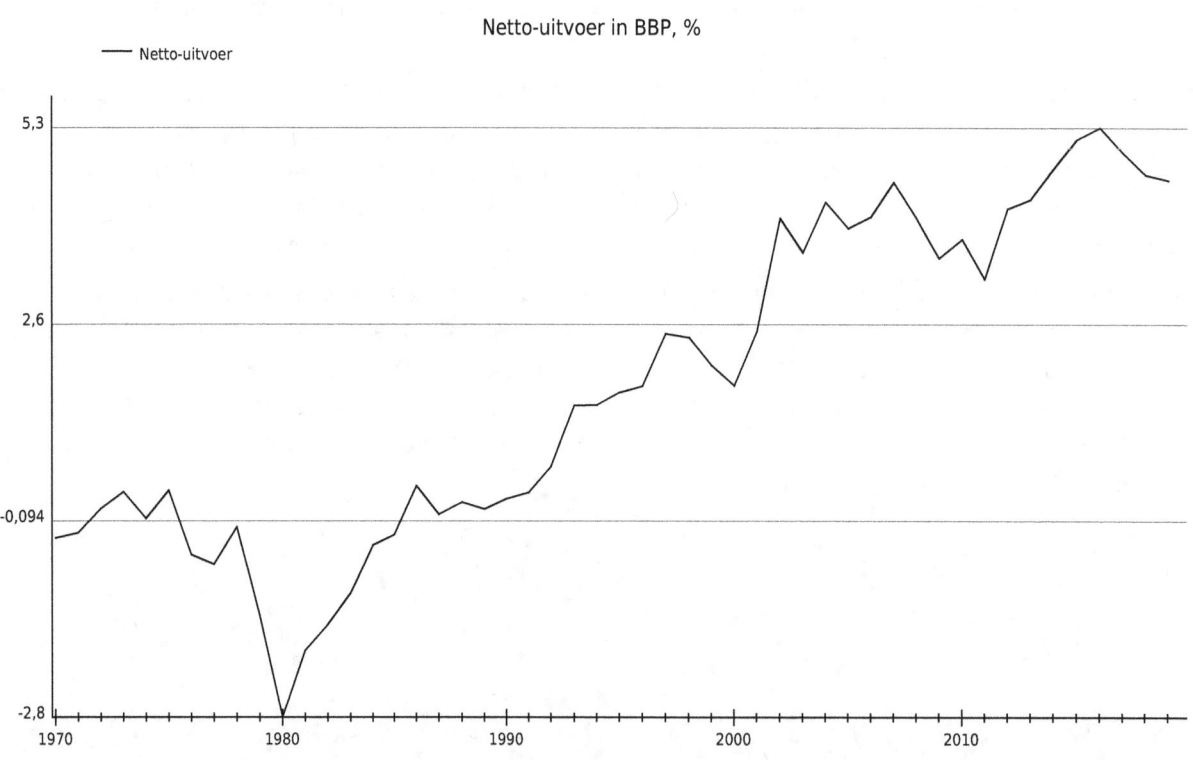

Netto-uitvoer in BBP, %

Hoofdstuk X. Uitvoer

Uitvoer van goederen en diensten

De uitvoer van West-Europa steeg van US$262,8 miljard per jaar in de jaren 1970 tot US$4,4 biljoen per jaar in de jaren 2010, dat wil zeggen met US$4,1 biljoen of 16,7 keer. De verandering vond plaats op US$2,7 biljoen als gevolg van een 2,6-voudige stijging van de prijzen, en ook op US$1,4 biljoen als gevolg van een 5,6-voudige toename van het tarief per hoofd , evenals op US$36,9 miljard als gevolg van de toename van de bevolking. De gemiddelde jaarlijkse groei van de export is 4,8%. De minimumwaarde van de export bedroeg US$100,7 miljard in 1970. De maximumwaarde van de export bedroeg US$4,9 biljoen in 2018.

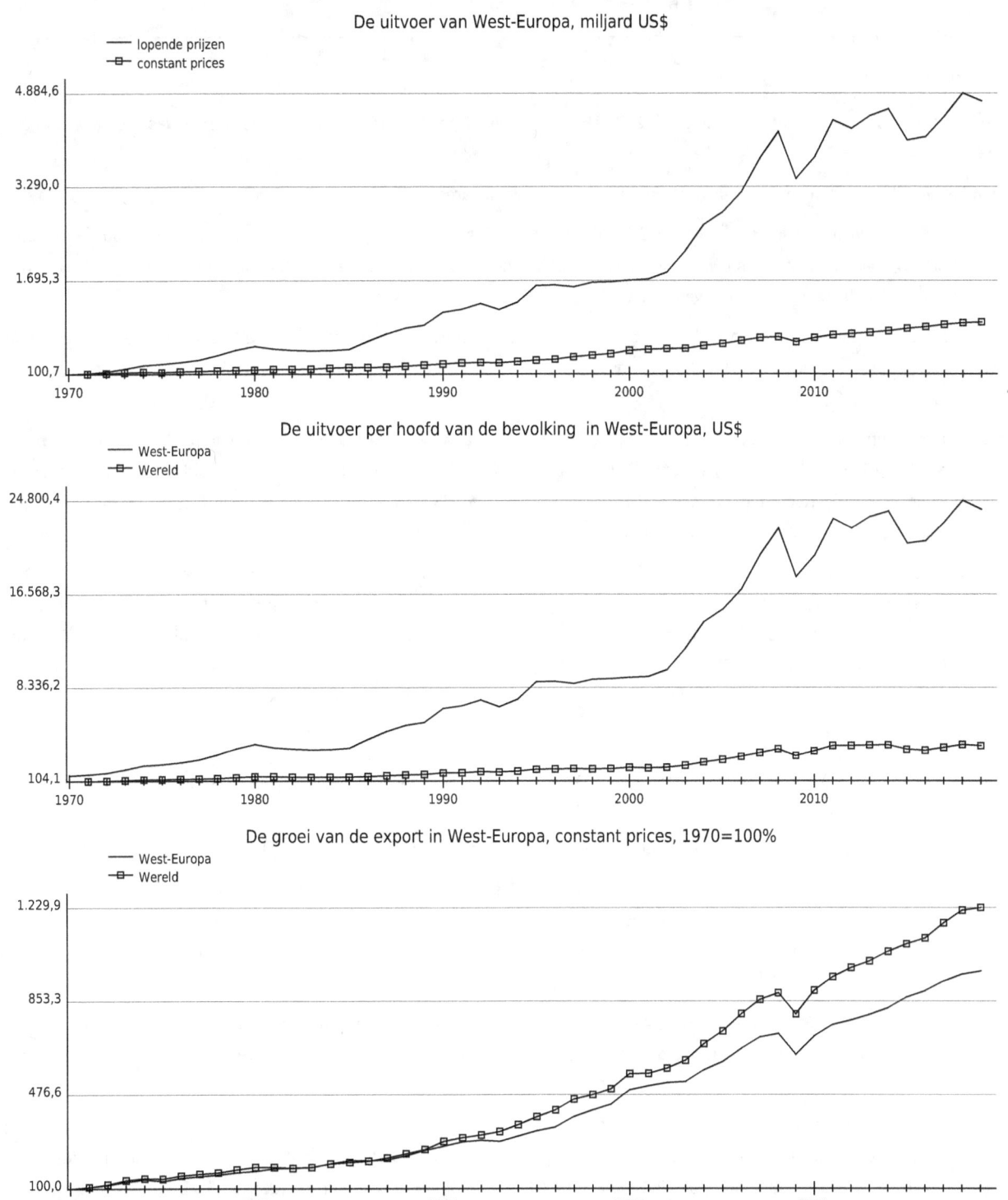

De uitvoer van West-Europa, miljard US$

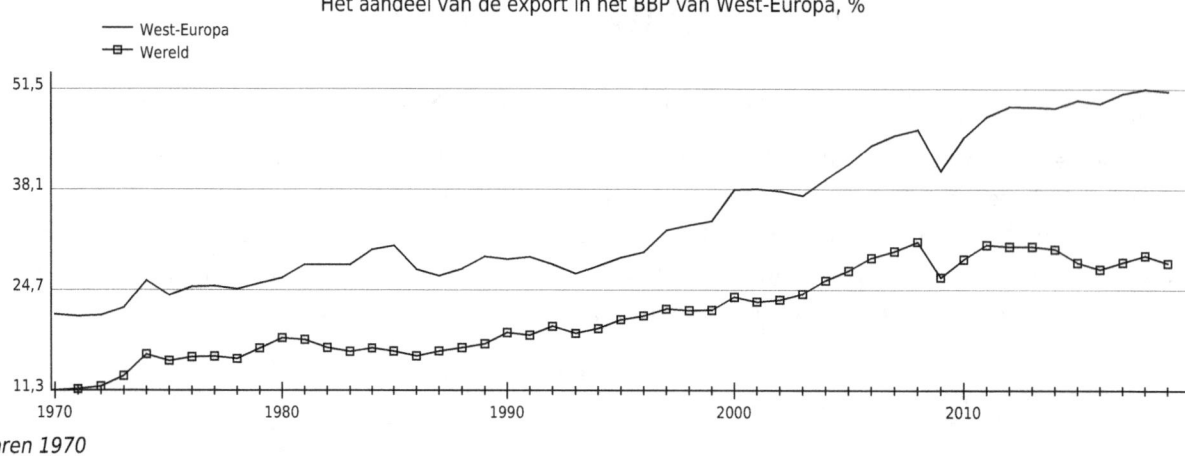

Het aandeel van de export in het BBP van West-Europa, %

de jaren 1970

De uitvoer van West-Europa bedroeg in de jaren 1970 US$262,8 miljard per jaar. Het aandeel in de wereld was 26,9%, en 56,0% in Europa.

Het aandeel van de export in het BBP van West-Europa was 24,3% in de jaren 1970.

De uitvoer per hoofd in West-Europa was $1.546,2 in de jaren 1970s, en was vergelijkbaar met Puerto Rico (US$1.580,0). De waarde van de export per hoofd in West-Europa was in 6,4 keer hoger dan de export per hoofd van de bevolking in de wereld ($242,1), en was in 2,4 keer hoger dan de export per hoofd van de bevolking in Europa ($242,1).

De groei van de export in West-Europa bedroeg 5.6% in de jaren 1970, en was vergelijkbaar met de Nederland (5,6%), Afrika (5,7%). De groei van de export in West-Europa (5,6%) was minder dan de groei van de export in de wereld (6,5%), was minder dan de groei van de export in Europa (6,1%).

Vergelijking met subregio's. De waarde van de export in West-Europa was groter dan in Noord-Europa (US$113,6 miljard), in Zuid-Europa (US$70,7 miljard) en in Oost-Europa (US$22,1 miljard). De waarde van de export per hoofd in West-Europa was in West-Europa groter dan in Noord-Europa (US$1.397,6), in Zuid-Europa (US$533,0) en in Oost-Europa (US$64,7). De groei van de export in West-Europa was groter dan in Noord-Europa (5,1%); maar minder dan in Oost-Europa (11,3%) en in Zuid-Europa (7,6%).

Leiders. De uitvoer van West-Europa in de jaren 1970 bestond uit: Duitsland (31,5%), Frankrijk (24,5%), Nederland (17,1%), België (11,5%), Zwitserland (10,0%), en andere (5,5%). Het aandeel van de export in BBP van de leiders: België (47,7%), Nederland (46,3%), Zwitserland (43,2%), Frankrijk (19,3%) en Duitsland (17,1%). De waarde van de export per hoofd in West-Europa onder de leiders: Zwitserland ($4.164,0), Nederland ($3.308,3), België ($3.101,6), Frankrijk ($1.199,1) en Duitsland ($1.052,2). De groei van de export onder de leiders: Frankrijk (7,8%), Nederland (5,6%), België (5,3%), Duitsland (5,1%) en Zwitserland (4,1%).

de jaren 1980

De waarde van de export in West-Europa bedroeg in de jaren 1980 US$637,3 miljard per jaar, en was vergelijkbaar met Azië (US$649,8 miljard). Het aandeel in de wereld was 24,9%, en 54,6% in Europa.

Het aandeel van de export in het BBP van West-Europa was 28,0% in de jaren 1980, en was vergelijkbaar met Noord-Europa (28,1%).

De uitvoer per hoofd in West-Europa was $3.675,0 in de jaren 1980s, en was vergelijkbaar met de Turks- en Caicoseilanden (US$3,7 duizend), Libië (US$3,6 duizend), de Britse Maagdeneilanden (US$3,6 duizend). De waarde van de export per hoofd in West-Europa was in 6,9 keer hoger dan de export per hoofd van de bevolking in de wereld ($529,9), en was in 2,4 keer hoger dan de export per hoofd van de bevolking in Europa ($529,9).

De groei van de export in West-Europa bedroeg 4.4% in de jaren 1980, en was vergelijkbaar met Oostenrijk (4,5%). De groei van de export in West-Europa (4,4%) was groter dan de groei van de export in de wereld (3,8%), was groter dan de groei van de export in Europa (4,0%).

Vergelijking met subregio's. De uitvoer van West-Europa was groter dan in Noord-Europa (US$289,6 miljard), in Zuid-Europa (US$198,0 miljard) en in Oost-Europa (US$43,1 miljard). De waarde van de export per hoofd in West-Europa was in West-Europa groter dan in Noord-Europa (US$3,5 duizend), in Zuid-Europa (US$1.401,2) en in Oost-Europa (US$116,5). De groei van de export in

West-Europa was groter dan in Zuid-Europa (4,0%), in Noord-Europa (3,8%) en in Oost-Europa (0,63%).

Leiders. De waarde van de export in West-Europa in de jaren 1980 bestond uit: Duitsland (32,7%), Frankrijk (24,5%), Nederland (16,2%), België (10,8%), Zwitserland (10,1%), en andere (5,8%). Het aandeel van de export in BBP van de leiders: België (58,4%), Nederland (53,5%), Zwitserland (45,3%), Frankrijk (21,4%) en Duitsland (21,0%). De uitvoer per hoofd in West-Europa onder de leiders: Zwitserland ($10.037,0), Nederland ($7.110,4), België ($6.926,9), Frankrijk ($2.757,6) en Duitsland ($2.667,0). De groei van de export onder de leiders: Zwitserland (5,0%), Duitsland (4,7%), Nederland (4,2%), België (4,1%) en Frankrijk (4,0%).

de jaren 1990

De waarde van de export in West-Europa bedroeg in de jaren 1990 US$1,4 biljoen per jaar. Het aandeel in de wereld was 24,4%, en 51,7% in Europa.

Het aandeel van de export in het BBP van West-Europa was 30,0% in de jaren 1990, en was vergelijkbaar met Samoa (30,0%), Syrië (30,0%), Noord-Europa (29,7%).

De waarde van de export per hoofd in West-Europa was $7.912,1 in de jaren 1990s, en was vergelijkbaar met Bahrein (US$8,0 duizend), Brunei (US$7,8 duizend), Finland (US$7,8 duizend). De uitvoer per hoofd in West-Europa was in 7,7 keer hoger dan de export per hoofd van de bevolking in de wereld ($1.029,5), en was in 2,1 keer hoger dan de export per hoofd van de bevolking in Europa ($1.029,5).

De groei van de export in West-Europa bedroeg 5.7% in de jaren 1990, en was vergelijkbaar met Sao Tomé en Principe (5,6%), Ivoorkust (5,7%), Noorwegen (5,7%). De groei van de export in West-Europa (5,7%) was minder dan de groei van de export in de wereld (6,9%), was minder dan de groei van de export in Europa (6,5%).

Vergelijking met subregio's. De uitvoer van West-Europa was groter dan in Noord-Europa (US$628,4 miljard), in Zuid-Europa (US$461,5 miljard) en in Oost-Europa (US$247,8 miljard). De uitvoer per hoofd in West-Europa was in West-Europa groter dan in Noord-Europa (US$6,8 duizend), in Zuid-Europa (US$3,2 duizend) en in Oost-Europa (US$802,2). De groei van de export in West-Europa was groter dan in Zuid-Europa (5,4%); maar minder dan in Oost-Europa (15,2%) en in Noord-Europa (6,7%).

Leiders. De waarde van de export in West-Europa in de jaren 1990 bestond uit: Duitsland (35,6%), Frankrijk (23,0%), Nederland (15,6%), België (10,5%), Zwitserland (8,7%), en andere (6,5%). Het aandeel van de export in BBP van de leiders: België (61,1%), Nederland (56,7%), Zwitserland (42,6%), Duitsland (23,4%) en Frankrijk (23,0%). De waarde van de export per hoofd in West-Europa onder de leiders: Zwitserland ($18.076,8), België ($14.785,0), Nederland ($14.519,7), Duitsland ($6.311,2) en Frankrijk ($5.553,9). De groei van de export onder de leiders: Nederland (6,6%), Frankrijk (6,5%), Duitsland (6,0%), België (4,7%) en Zwitserland (3,1%).

de jaren 2000

De waarde van de export in West-Europa bedroeg in de jaren 2000 US$2,8 biljoen per jaar. Het aandeel in de wereld was 21,9%, en 49,4% in Europa.

Het aandeel van de export in het BBP van West-Europa was 41,4% in de jaren 2000, en was vergelijkbaar met Bhutan (41,4%).

De waarde van de export per hoofd in West-Europa was $14.730,4 in de jaren 2000s, en was vergelijkbaar met de Turks- en Caicoseilanden (US$14,7 duizend). De waarde van de export per hoofd in West-Europa was in 7,6 keer hoger dan de export per hoofd van de bevolking in de wereld ($1.933,7), en was 92,8% hoger dan de export per hoofd van de bevolking in Europa ($1.933,7).

De groei van de export in West-Europa bedroeg 3.8% in de jaren 2000, en was vergelijkbaar met Europa (3,8%), Ecuador (3,8%). De groei van de export in West-Europa (3,8%) was minder dan de groei van de export in de wereld (4,8%), was minder dan de groei van de export in Europa (3,8%).

Vergelijking met subregio's. De waarde van de export in West-Europa was groter dan in Noord-Europa (US$1,3 biljoen), in Zuid-Europa (US$889,8 miljard) en in Oost-Europa (US$654,9 miljard). De uitvoer per hoofd in West-Europa was in West-Europa groter dan in Noord-Europa (US$13,3 duizend), in Zuid-Europa (US$6,0 duizend) en in Oost-Europa (US$2,2 duizend). De groei van de export in West-Europa was groter dan in Noord-Europa (3,3%) en in Zuid-Europa (2,1%); maar minder dan in Oost-Europa (7,1%).

Leiders. De waarde van de export in West-Europa in de jaren 2000 bestond uit: Duitsland (37,9%), Frankrijk (20,7%), Nederland (15,7%), België (9,9%), Zwitserland (8,3%), en andere (7,6%). Het aandeel van de export in BBP van de leiders: België (74,0%), Nederland (65,1%), Zwitserland (55,1%), Duitsland (37,8%) en Frankrijk (27,2%). De uitvoer per hoofd in West-Europa onder de leiders:

Zwitserland ($30.802,8), Nederland ($26.500,8), België ($25.807,9), Duitsland ($12.836,9) en Frankrijk ($9.077,5). De groei van de export onder de leiders: Duitsland (5,0%), Zwitserland (3,7%), Nederland (3,4%), België (3,0%) en Frankrijk (2,3%).

de jaren 2010

De waarde van de export in West-Europa bedroeg in de jaren 2010 US$4,4 biljoen per jaar. Het aandeel in de wereld was 19,3%, en 49,0% in Europa.

Het aandeel van de export in het BBP van West-Europa was 49,4% in de jaren 2010, en was vergelijkbaar met Azerbeidzjan (49,2%), de Marshalleilanden (49,0%), IJsland (49,8%).

De waarde van de export per hoofd in West-Europa was $22.680,9 in de jaren 2010s, en was vergelijkbaar met Puerto Rico (US$22,8 duizend), Brunei (US$22,5 duizend). De uitvoer per hoofd in West-Europa was in 7,3 keer hoger dan de export per hoofd van de bevolking in de wereld ($3.098,9), en was 87,9% hoger dan de export per hoofd van de bevolking in Europa ($3.098,9).

De groei van de export in West-Europa bedroeg 4.3% in de jaren 2010, en was vergelijkbaar met Kameroen (4,3%), Zuid-Europa (4,4%), Oost-Afrika (4,4%). De groei van de export in West-Europa (4,3%) was minder dan de groei van de export in de wereld (4,4%), was minder dan de groei van de export in Europa (4,4%).

Vergelijking met subregio's. De waarde van de export in West-Europa was 2,3 keer groter dan in Noord-Europa (US$1,9 biljoen), 3,3 keer groter dan in Oost-Europa (US$1,3 biljoen) en 3,3 keer groter dan in Zuid-Europa (US$1,3 biljoen). De waarde van de export per hoofd in West-Europa was in West-Europa21,2% groter dan in Noord-Europa (US$18,7 duizend), 2,6 keer groter dan in Zuid-Europa (US$8,6 duizend) en 5,0 keer groter dan in Oost-Europa (US$4,5 duizend). De groei van de export in West-Europa was minder dan in Oost-Europa (4,8%), in Noord-Europa (4,4%) en in Zuid-Europa (4,4%).

Leiders. De uitvoer van West-Europa in de jaren 2010 bestond uit: Duitsland (38,3%), Frankrijk (18,2%), Nederland (15,6%), Zwitserland (10,5%), België (9,3%), en andere (8,1%). Het aandeel van de export in BBP van de leiders: België (80,2%), Nederland (79,9%), Zwitserland (65,8%), Duitsland (46,0%) en Frankrijk (29,9%). De uitvoer per hoofd in West-Europa onder de leiders: Zwitserland ($56.284,1), Nederland ($40.461,9), België ($36.171,3), Duitsland ($20.563,4) en Frankrijk ($12.092,3). De groei van de export onder de leiders: Nederland (4,8%), Duitsland (4,7%), Frankrijk (4,0%), Zwitserland (3,7%) en België (3,7%).

Hoofdstuk XI. Invoer

Invoer van goederen en diensten

De invoer van West-Europa steeg van US$267,2 miljard per jaar in de jaren 1970 tot US$4,0 biljoen per jaar in de jaren 2010, dat wil zeggen met US$3,7 biljoen of 15,0 keer. De verandering vond plaats op US$2,4 biljoen als gevolg van een 2,6-voudige stijging van de prijzen, en ook op US$1,2 biljoen als gevolg van een 5,1-voudige toename van het tarief per hoofd , evenals op US$37,5 miljard als gevolg van de toename van de bevolking. De gemiddelde jaarlijkse groei van de invoer is 4,5%. De minimumwaarde van de invoer bedroeg US$102,2 miljard in 1970. De maximumwaarde van de invoer bedroeg US$4,4 biljoen in 2018.

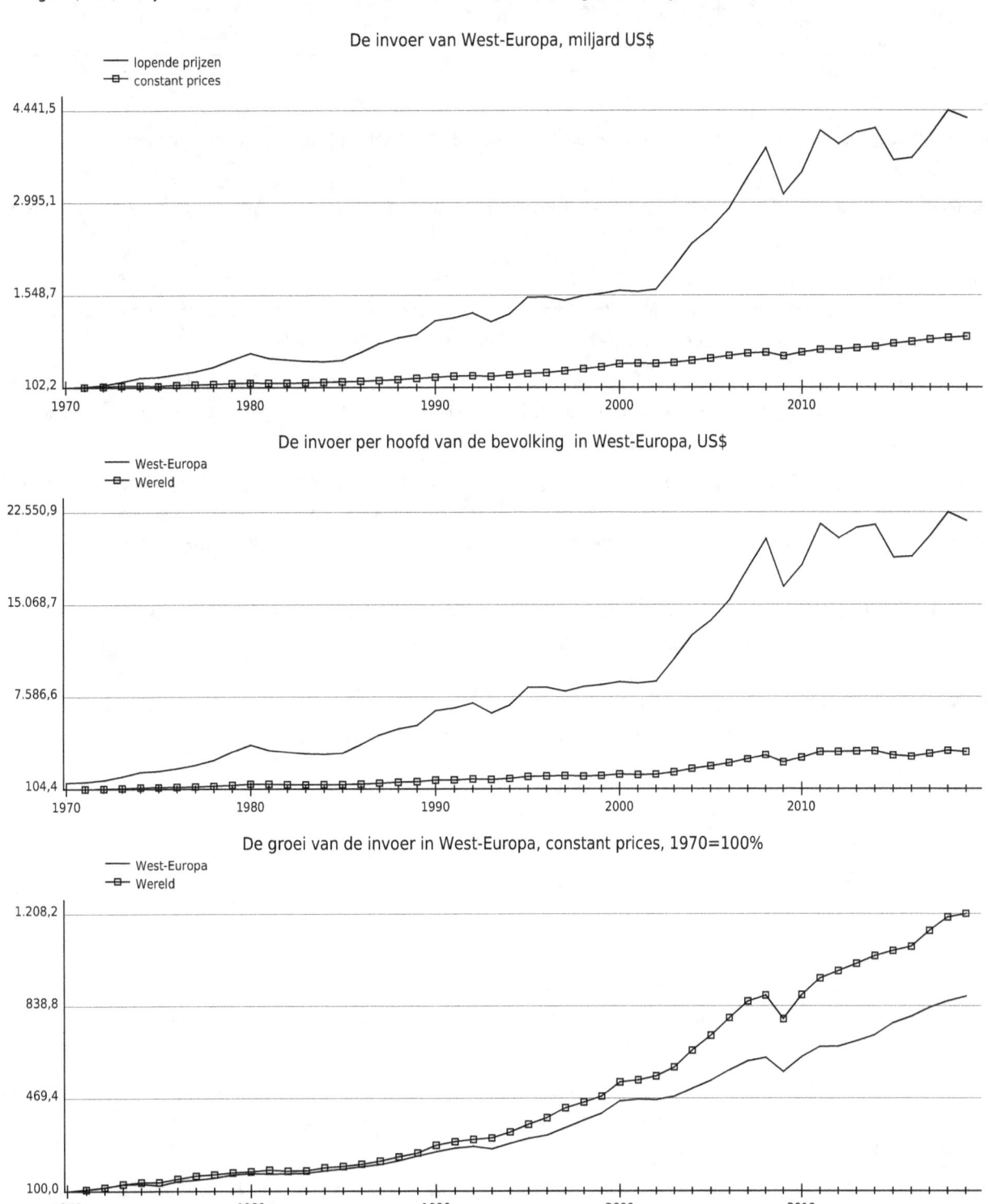

De invoer van West-Europa, miljard US$

De invoer per hoofd van de bevolking in West-Europa, US$

De groei van de invoer in West-Europa, constant prices, 1970=100%

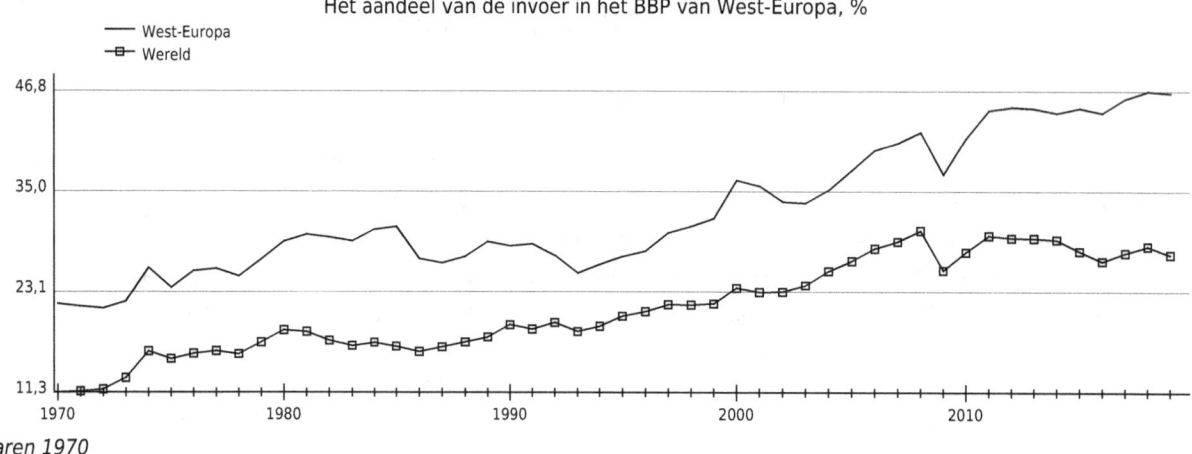

Het aandeel van de invoer in het BBP van West-Europa, %

de jaren 1970

De waarde van de invoer in West-Europa bedroeg in de jaren 1970 US$267,2 miljard per jaar. Het aandeel in de wereld was 27,1%, en 54,8% in Europa.

Het aandeel van de invoer in het BBP van West-Europa was 24,7% in de jaren 1970, en was vergelijkbaar met Burkina Faso (24,7%), Iran (24,5%), Peru (24,5%).

De invoer per hoofd in West-Europa was $1.571,7 in de jaren 1970s, en was vergelijkbaar met Nauru (US$1.582,5), Oostenrijk (US$1.557,0). De waarde van de invoer per hoofd in West-Europa was in 6,4 keer hoger dan de invoer per hoofd van de bevolking in de wereld ($244,3), en was in 2,3 keer hoger dan de invoer per hoofd van de bevolking in Europa ($244,3).

De groei van de invoer in West-Europa bedroeg 5.7% in de jaren 1970, en was vergelijkbaar met Guatemala (5,7%). De groei van de invoer in West-Europa (5,7%) was minder dan de groei van de invoer in de wereld (6,3%), was groter dan de groei van de invoer in Europa (5,4%).

Vergelijking met subregio's. De invoer van West-Europa was groter dan in Noord-Europa (US$117,7 miljard), in Zuid-Europa (US$78,6 miljard) en in Oost-Europa (US$24,2 miljard). De invoer per hoofd in West-Europa was in West-Europa groter dan in Noord-Europa (US$1.448,4), in Zuid-Europa (US$593,0) en in Oost-Europa (US$70,9). De groei van de invoer in West-Europa was groter dan in Zuid-Europa (5,6%) en in Noord-Europa (4,1%); maar minder dan in Oost-Europa (7,4%).

Leiders. De waarde van de invoer in West-Europa in de jaren 1970 bestond uit: Duitsland (34,6%), Frankrijk (23,7%), Nederland (15,8%), België (11,3%), Zwitserland (9,1%), en andere (5,4%). Het aandeel van de invoer in BBP van de leiders: België (47,6%), Nederland (43,6%), Zwitserland (40,2%), Duitsland (19,1%) en Frankrijk (19,0%). De waarde van de invoer per hoofd in West-Europa onder de leiders: Zwitserland ($3.871,9), Nederland ($3.113,4), België ($3.095,8), Frankrijk ($1.181,1) en Duitsland ($1.175,1). De groei van de invoer onder de leiders: Frankrijk (7,2%), België (6,0%), Duitsland (5,6%), Nederland (4,7%) en Zwitserland (4,5%).

de jaren 1980

De invoer van West-Europa bedroeg in de jaren 1980 US$651,2 miljard per jaar, en was vergelijkbaar met Amerika (US$652,3 miljard). Het aandeel in de wereld was 25,0%, en 54,7% in Europa.

Het aandeel van de invoer in het BBP van West-Europa was 28,6% in de jaren 1980, en was vergelijkbaar met Zuid-Korea (28,6%), Burkina Faso (28,5%), Angola (28,8%).

De invoer per hoofd in West-Europa was $3.754,8 in de jaren 1980s, en was vergelijkbaar met Frans-Polynesië (US$3,7 duizend), Canada (US$3,7 duizend), Brunei (US$3,7 duizend). De waarde van de invoer per hoofd in West-Europa was in 7,0 keer hoger dan de invoer per hoofd van de bevolking in de wereld ($539,1), en was in 2,4 keer hoger dan de invoer per hoofd van de bevolking in Europa ($539,1).

De groei van de invoer in West-Europa bedroeg 3.8% in de jaren 1980, en was vergelijkbaar met Vietnam (3,8%), de Wereld (3,8%), Cuba (3,8%). De groei van de invoer in West-Europa (3,8%) was groter dan de groei van de invoer in de wereld (3,8%), was minder dan de groei van de invoer in Europa (4,1%).

Vergelijking met subregio's. De waarde van de invoer in West-Europa was groter dan in Noord-Europa (US$287,3 miljard), in

Zuid-Europa (US$213,3 miljard) en in Oost-Europa (US$38,7 miljard). De waarde van de invoer per hoofd in West-Europa was in West-Europa groter dan in Noord-Europa (US$3,5 duizend), in Zuid-Europa (US$1.509,3) en in Oost-Europa (US$104,6). De groei van de invoer in West-Europa was groter dan in Oost-Europa (2,1%); maar minder dan in Zuid-Europa (5,3%) en in Noord-Europa (4,4%).

Leiders. De invoer van West-Europa in de jaren 1980 bestond uit: Duitsland (34,7%), Frankrijk (24,9%), Nederland (14,6%), België (10,4%), Zwitserland (9,7%), en andere (5,7%). Het aandeel van de invoer in BBP van de leiders: België (57,8%), Nederland (49,5%), Zwitserland (44,2%), Duitsland (22,8%) en Frankrijk (22,2%). De waarde van de invoer per hoofd in West-Europa onder de leiders: Zwitserland ($9.796,1), België ($6.853,6), Nederland ($6.571,1), Duitsland ($2.891,9) en Frankrijk ($2.867,2). De groei van de invoer onder de leiders: Zwitserland (5,3%), Frankrijk (4,3%), Nederland (3,4%), België (3,4%) en Duitsland (3,3%).

de jaren 1990

De invoer van West-Europa bedroeg in de jaren 1990 US$1,4 biljoen per jaar. Het aandeel in de wereld was 23,5%, en 51,2% in Europa.

Het aandeel van de invoer in het BBP van West-Europa was 28,5% in de jaren 1990.

De waarde van de invoer per hoofd in West-Europa was $7.514,0 in de jaren 1990s, en was vergelijkbaar met Puerto Rico (US$7,6 duizend), Bahrein (US$7,6 duizend), Anguilla (US$7,4 duizend). De waarde van de invoer per hoofd in West-Europa was in 7,4 keer hoger dan de invoer per hoofd van de bevolking in de wereld ($1.015,5), en was in 2,1 keer hoger dan de invoer per hoofd van de bevolking in Europa ($1.015,5).

De groei van de invoer in West-Europa bedroeg 5.5% in de jaren 1990, en was vergelijkbaar met Madagaskar (5,5%), Mauritius (5,5%), Zuid-Europa (5,5%). De groei van de invoer in West-Europa (5,5%) was minder dan de groei van de invoer in de wereld (6,6%), was minder dan de groei van de invoer in Europa (5,9%).

Vergelijking met subregio's. De waarde van de invoer in West-Europa was groter dan in Noord-Europa (US$594,9 miljard), in Zuid-Europa (US$469,4 miljard) en in Oost-Europa (US$232,5 miljard). De waarde van de invoer per hoofd in West-Europa was in West-Europa groter dan in Noord-Europa (US$6,4 duizend), in Zuid-Europa (US$3,3 duizend) en in Oost-Europa (US$752,7). De groei van de invoer in West-Europa was minder dan in Oost-Europa (10,5%), in Noord-Europa (5,6%) en in Zuid-Europa (5,5%).

Leiders. De waarde van de invoer in West-Europa in de jaren 1990 bestond uit: Duitsland (36,9%), Frankrijk (22,7%), Nederland (14,8%), België (10,5%), Zwitserland (8,4%), en andere (6,7%). Het aandeel van de invoer in BBP van de leiders: België (57,9%), Nederland (50,9%), Zwitserland (39,1%), Duitsland (23,0%) en Frankrijk (21,6%). De waarde van de invoer per hoofd in West-Europa onder de leiders: Zwitserland ($16.579,0), België ($14.007,1), Nederland ($13.020,9), Duitsland ($6.220,3) en Frankrijk ($5.194,4). De groei van de invoer onder de leiders: Nederland (6,7%), Duitsland (6,4%), Frankrijk (5,1%), België (4,5%) en Zwitserland (3,5%).

de jaren 2000

De waarde van de invoer in West-Europa bedroeg in de jaren 2000 US$2,5 biljoen per jaar. Het aandeel in de wereld was 20,3%, en 47,0% in Europa.

Het aandeel van de invoer in het BBP van West-Europa was 37,7% in de jaren 2000, en was vergelijkbaar met Roemenië (37,9%).

De waarde van de invoer per hoofd in West-Europa was $13.389,0 in de jaren 2000s, en was vergelijkbaar met Macau (US$13,3 duizend), Finland (US$13,3 duizend). De invoer per hoofd in West-Europa was in 7,0 keer hoger dan de invoer per hoofd van de bevolking in de wereld ($1.899,9), en was 83,7% hoger dan de invoer per hoofd van de bevolking in Europa ($1.899,9).

De groei van de invoer in West-Europa bedroeg 3.5% in de jaren 2000, en was vergelijkbaar met Griekenland (3,4%), Frankrijk (3,5%), Nauru (3,5%). De groei van de invoer in West-Europa (3,5%) was minder dan de groei van de invoer in de wereld (5,1%), was minder dan de groei van de invoer in Europa (4,0%).

Vergelijking met subregio's. De invoer van West-Europa was groter dan in Noord-Europa (US$1,2 biljoen), in Zuid-Europa (US$990,2 miljard) en in Oost-Europa (US$600,5 miljard). De invoer per hoofd in West-Europa was in West-Europa groter dan in Noord-Europa (US$12,8 duizend), in Zuid-Europa (US$6,7 duizend) en in Oost-Europa (US$2,0 duizend). De groei van de invoer in West-Europa was groter dan in Zuid-Europa (2,6%); maar minder dan in Oost-Europa (9,5%) en in Noord-Europa (3,8%).

Leiders. De invoer van West-Europa in de jaren 2000 bestond uit: Duitsland (36,5%), Frankrijk (22,6%), Nederland (15,2%), België (10,3%), Zwitserland (7,8%), en andere (7,6%). Het aandeel van de invoer in BBP van de leiders: België (70,4%), Nederland (57,5%), Zwitserland (47,2%), Duitsland (33,1%) en Frankrijk (27,0%). De waarde van de invoer per hoofd in West-Europa onder de leiders:

Zwitserland ($26.419,3), België ($24.568,1), Nederland ($23.404,5), Duitsland ($11.237,8) en Frankrijk ($9.014,6). De groei van de invoer onder de leiders: Duitsland (3,7%), Frankrijk (3,5%), Nederland (3,3%), Zwitserland (3,1%) en België (2,9%).

de jaren 2010

De invoer van West-Europa bedroeg in de jaren 2010 US$4,0 biljoen per jaar. Het aandeel in de wereld was 18,1%, en 48,2% in Europa.

Het aandeel van de invoer in het BBP van West-Europa was 44,9% in de jaren 2010, en was vergelijkbaar met Kroatië (45,1%), Swaziland (45,3%).

De waarde van de invoer per hoofd in West-Europa was $20.616,1 in de jaren 2010s. De waarde van de invoer per hoofd in West-Europa was in 6,8 keer hoger dan de invoer per hoofd van de bevolking in de wereld ($3.015,6), en was 84,9% hoger dan de invoer per hoofd van de bevolking in Europa ($3.015,6).

De groei van de invoer in West-Europa bedroeg 4.3% in de jaren 2010, en was vergelijkbaar met Noord-Amerika (4,3%), Europa (4,3%). De groei van de invoer in West-Europa (4,3%) was minder dan de groei van de invoer in de wereld (4,4%), was groter dan de groei van de invoer in Europa (4,3%).

Vergelijking met subregio's. De invoer van West-Europa was 2,2 keer groter dan in Noord-Europa (US$1,8 biljoen), 3,1 keer groter dan in Zuid-Europa (US$1,3 biljoen) en 3,3 keer groter dan in Oost-Europa (US$1,2 biljoen). De waarde van de invoer per hoofd in West-Europa was in West-Europa16,0% groter dan in Noord-Europa (US$17,8 duizend), 2,5 keer groter dan in Zuid-Europa (US$8,3 duizend) en 5,1 keer groter dan in Oost-Europa (US$4,1 duizend). De groei van de invoer in West-Europa was groter dan in Zuid-Europa (2,6%); maar minder dan in Oost-Europa (5,2%) en in Noord-Europa (4,9%).

Leiders. De waarde van de invoer in West-Europa in de jaren 2010 bestond uit: Duitsland (36,4%), Frankrijk (20,8%), Nederland (15,0%), België (10,1%), Zwitserland (9,6%), en andere (8,1%). Het aandeel van de invoer in BBP van de leiders: België (79,5%), Nederland (70,2%), Zwitserland (54,6%), Duitsland (39,7%) en Frankrijk (31,0%). De invoer per hoofd in West-Europa onder de leiders: Zwitserland ($46.652,9), België ($35.852,8), Nederland ($35.529,2), Duitsland ($17.771,2) en Frankrijk ($12.542,2). De groei van de invoer onder de leiders: Duitsland (4,8%), Nederland (4,6%), Frankrijk (4,1%), België (3,8%) en Zwitserland (2,8%).

Part IV. Verbruik

Hoofdstuk XII. Overheidsuitgaven

Consumptie-uitgaven van de overheid

De overheidsuitgaven van West-Europa steeg van US$207,1 miljard per jaar in de jaren 1970 tot US$1,9 biljoen per jaar in de jaren 2010, dat wil zeggen met US$1,7 biljoen of 9,0 keer. De verandering vond plaats op US$1,4 biljoen als gevolg van een 4,0-voudige stijging van de prijzen, en ook op US$230,2 miljard als gevolg van een 2,0-voudige toename van het tarief per hoofd , evenals op US$29,1 miljard als gevolg van de toename van de bevolking. De gemiddelde jaarlijkse groei van de overheidsuitgaven is 2,3%. De minimumwaarde van de overheidsuitgaven bedroeg US$76,2 miljard in 1970. De maximumwaarde van de overheidsuitgaven bedroeg US$2,0 biljoen in 2014.

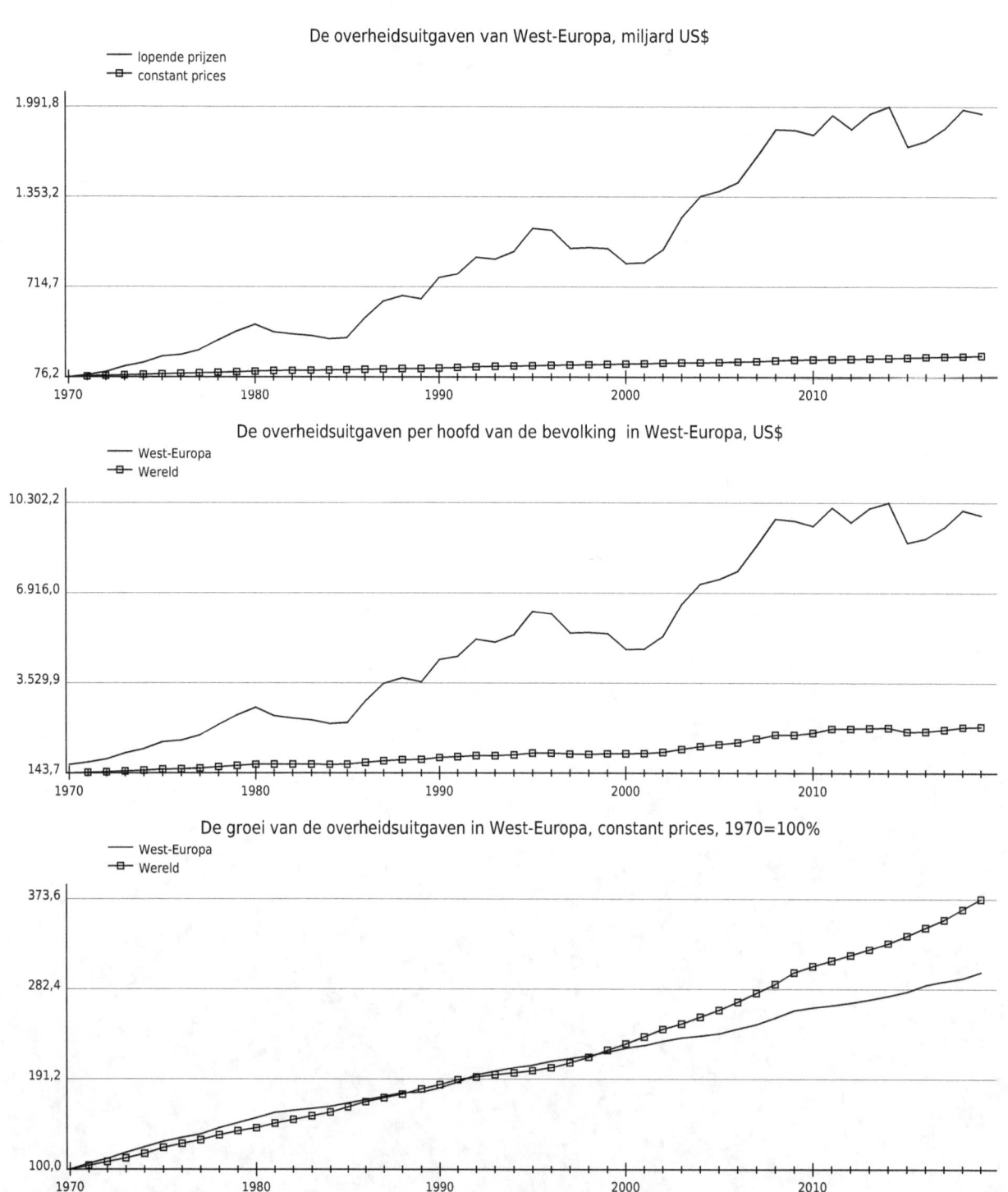

De overheidsuitgaven van West-Europa, miljard US$

De overheidsuitgaven per hoofd van de bevolking in West-Europa, US$

De groei van de overheidsuitgaven in West-Europa, constant prices, 1970=100%

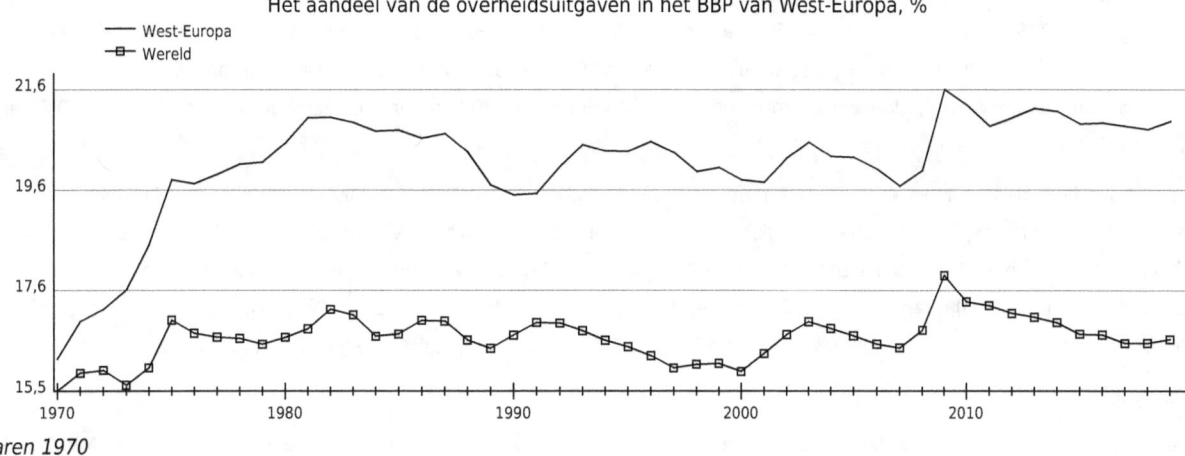

de jaren 1970

De overheidsuitgaven van West-Europa bedroeg in de jaren 1970 US$207,1 miljard per jaar. Het aandeel in de wereld was 19,3%, en 42,0% in Europa.

Het aandeel van de overheidsuitgaven in het BBP van West-Europa was 19,1% in de jaren 1970, en was vergelijkbaar met Tsjecho-Slowakije (19,1%), Ierland (19,1%), Benin (19,0%).

De overheidsuitgaven per hoofd in West-Europa was $1.218,4 in de jaren 1970s, en was vergelijkbaar met Duitsland (US$1.213,7), Frankrijk (US$1.202,3), San Marino (US$1.236,5). De overheidsuitgaven per hoofd in West-Europa was in 4,6 keer hoger dan de overheidsuitgaven per hoofd van de bevolking in de wereld ($265,2), en was 79,4% hoger dan de overheidsuitgaven per hoofd van de bevolking in Europa ($265,2).

De groei van de overheidsuitgaven in West-Europa bedroeg 4.4% in de jaren 1970, en was vergelijkbaar met Melanesië (4,3%), België (4,3%), Liechtenstein (4,4%). De groei van de overheidsuitgaven in West-Europa (4,4%) was groter dan de groei van de overheidsuitgaven in de wereld (3,7%), was minder dan de groei van de overheidsuitgaven in Europa (4,5%).

Vergelijking met subregio's. De overheidsuitgaven van West-Europa was groter dan in Oost-Europa (US$139,4 miljard), in Noord-Europa (US$86,6 miljard) en in Zuid-Europa (US$59,4 miljard). De overheidsuitgaven per hoofd in West-Europa was in West-Europa groter dan in Noord-Europa (US$1.066,0), in Zuid-Europa (US$448,1) en in Oost-Europa (US$408,0). De groei van de overheidsuitgaven in West-Europa was groter dan in Noord-Europa (3,1%); maar minder dan in Oost-Europa (7,2%) en in Zuid-Europa (4,7%).

Leiders. De overheidsuitgaven van West-Europa in de jaren 1970 bestond uit: Duitsland (46,1%), Frankrijk (31,1%), Nederland (10,1%), België (6,4%), Oostenrijk (3,1%), en andere (3,1%). Het aandeel van de overheidsuitgaven in BBP van de leiders: Nederland (21,5%), België (20,9%), Duitsland (19,7%), Frankrijk (19,3%) en Oostenrijk (16,5%). De overheidsuitgaven per hoofd in West-Europa onder de leiders: Nederland ($1.533,7), België ($1.361,8), Duitsland ($1.213,7), Frankrijk ($1.202,3) en Oostenrijk ($847,4). De groei van de overheidsuitgaven onder de leiders: Frankrijk (5,0%), Duitsland (4,4%), België (4,3%), Nederland (3,7%) en Oostenrijk (3,6%).

de jaren 1980

De overheidsuitgaven van West-Europa bedroeg in de jaren 1980 US$467,4 miljard per jaar. Het aandeel in de wereld was 18,5%, en 43,3% in Europa.

Het aandeel van de overheidsuitgaven in het BBP van West-Europa was 20,6% in de jaren 1980, en was vergelijkbaar met Duitsland (20,6%), Koeweit (20,5%), Hongarije (20,4%).

De overheidsuitgaven per hoofd in West-Europa was $2.695,3 in de jaren 1980s, en was vergelijkbaar met de Kaaimaneilanden (US$2,7 duizend), Koeweit (US$2,7 duizend), België (US$2,7 duizend). De overheidsuitgaven per hoofd in West-Europa was in 5,1 keer hoger dan de overheidsuitgaven per hoofd van de bevolking in de wereld ($523,5), en was 91,9% hoger dan de overheidsuitgaven per hoofd van de bevolking in Europa ($523,5).

De groei van de overheidsuitgaven in West-Europa bedroeg 1.9% in de jaren 1980. De groei van de overheidsuitgaven in West-Europa (1,9%) was minder dan de groei van de overheidsuitgaven in de wereld (2,7%), was minder dan de groei van de overheidsuitgaven in Europa (2,3%).

Vergelijking met subregio's. De overheidsuitgaven van West-Europa was groter dan in Oost-Europa (US$219,4 miljard), in Noord-Europa (US$218,4 miljard) en in Zuid-Europa (US$173,1 miljard). De overheidsuitgaven per hoofd in West-Europa was in West-Europa groter dan in Noord-Europa (US$2,6 duizend), in Zuid-Europa (US$1.225,1) en in Oost-Europa (US$592,9). De groei van de overheidsuitgaven in West-Europa was groter dan in Noord-Europa (1,2%); maar minder dan in Oost-Europa (4,0%) en in Zuid-Europa (3,0%).

Leiders. De overheidsuitgaven van West-Europa in de jaren 1980 bestond uit: Duitsland (43,6%), Frankrijk (34,2%), Nederland (9,4%), België (5,7%), Oostenrijk (3,6%), en andere (3,6%). Het aandeel van de overheidsuitgaven in BBP van de leiders: Nederland (22,7%), België (22,5%), Frankrijk (21,9%), Duitsland (20,6%) en Oostenrijk (18,4%). De overheidsuitgaven per hoofd in West-Europa onder de leiders: Nederland ($3.018,0), Frankrijk ($2.826,9), België ($2.667,1), Duitsland ($2.611,1) en Oostenrijk ($2.224,6). De groei van de overheidsuitgaven onder de leiders: Frankrijk (2,8%), Nederland (2,7%), Oostenrijk (1,6%), België (1,3%) en Duitsland (0,98%).

de jaren 1990

De overheidsuitgaven van West-Europa bedroeg in de jaren 1990 US$960,6 miljard per jaar. Het aandeel in de wereld was 20,4%, en 50,4% in Europa.

Het aandeel van de overheidsuitgaven in het BBP van West-Europa was 20,1% in de jaren 1990, en was vergelijkbaar met Suriname (20,2%), Tsjechië (20,3%), de Turks- en Caicoseilanden (20,0%).

De overheidsuitgaven per hoofd in West-Europa was $5.309,7 in de jaren 1990s, en was vergelijkbaar met de Kaaimaneilanden (US$5,3 duizend), Finland (US$5,3 duizend), Qatar (US$5,4 duizend). De overheidsuitgaven per hoofd in West-Europa was in 6,4 keer hoger dan de overheidsuitgaven per hoofd van de bevolking in de wereld ($824,8), en was in 2,0 keer hoger dan de overheidsuitgaven per hoofd van de bevolking in Europa ($824,8).

De groei van de overheidsuitgaven in West-Europa bedroeg 2.1% in de jaren 1990, en was vergelijkbaar met het Verenigd Koninkrijk (2,1%). De groei van de overheidsuitgaven in West-Europa (2,1%) was groter dan de groei van de overheidsuitgaven in de wereld (2,0%), was groter dan de groei van de overheidsuitgaven in Europa (1,3%).

Vergelijking met subregio's. De overheidsuitgaven van West-Europa was groter dan in Noord-Europa (US$416,2 miljard), in Zuid-Europa (US$382,4 miljard) en in Oost-Europa (US$145,2 miljard). De overheidsuitgaven per hoofd in West-Europa was in West-Europa groter dan in Noord-Europa (US$4,5 duizend), in Zuid-Europa (US$2,7 duizend) en in Oost-Europa (US$470,2). De groei van de overheidsuitgaven in West-Europa was groter dan in Zuid-Europa (1,1%) en in Oost-Europa (-2,0%); maar minder dan in Noord-Europa (2,3%).

Leiders. De overheidsuitgaven van West-Europa in de jaren 1990 bestond uit: Duitsland (43,7%), Frankrijk (33,9%), Nederland (8,9%), België (5,4%), Oostenrijk (4,1%), en andere (4,0%). Het aandeel van de overheidsuitgaven in BBP van de leiders: Frankrijk (22,7%), Nederland (21,7%), België (21,1%), Duitsland (19,3%) en Oostenrijk (19,2%). De overheidsuitgaven per hoofd in West-Europa onder de leiders: Nederland ($5.554,2), Frankrijk ($5.479,6), Duitsland ($5.203,8), België ($5.113,6) en Oostenrijk ($4.981,0). De groei van de overheidsuitgaven onder de leiders: Oostenrijk (2,8%), Duitsland (2,4%), Nederland (2,2%), Frankrijk (1,8%) en België (1,4%).

de jaren 2000

De overheidsuitgaven van West-Europa bedroeg in de jaren 2000 US$1,3 biljoen per jaar. Het aandeel in de wereld was 17,2%, en 44,2% in Europa.

Het aandeel van de overheidsuitgaven in het BBP van West-Europa was 20,2% in de jaren 2000, en was vergelijkbaar met Griekenland (20,3%), Melanesië (20,3%), Portugal (20,1%).

De overheidsuitgaven per hoofd in West-Europa was $7.193,0 in de jaren 2000s, en was vergelijkbaar met Oostenrijk (US$7,1 duizend). De overheidsuitgaven per hoofd in West-Europa was in 6,0 keer hoger dan de overheidsuitgaven per hoofd van de bevolking in de wereld ($1.200,9), en was 72,5% hoger dan de overheidsuitgaven per hoofd van de bevolking in Europa ($1.200,9).

De groei van de overheidsuitgaven in West-Europa bedroeg 1.8% in de jaren 2000. De groei van de overheidsuitgaven in West-Europa (1,8%) was minder dan de groei van de overheidsuitgaven in de wereld (3,1%), was minder dan de groei van de overheidsuitgaven in Europa (2,1%).

Vergelijking met subregio's. De overheidsuitgaven van West-Europa was groter dan in Noord-Europa (US$757,5 miljard), in Zuid-Europa (US$648,2 miljard) en in Oost-Europa (US$296,7 miljard). De overheidsuitgaven per hoofd in West-Europa was in

West-Europa groter dan in Zuid-Europa (US$4,4 duizend) en in Oost-Europa (US$993,3); maar minder dan in Noord-Europa (US$7,9 duizend). De groei van de overheidsuitgaven in West-Europa was minder dan in Zuid-Europa (2,7%), in Noord-Europa (2,5%) en in Oost-Europa (2,0%).

Leiders. De overheidsuitgaven van West-Europa in de jaren 2000 bestond uit: Duitsland (38,6%), Frankrijk (35,6%), Nederland (11,4%), België (6,1%), Oostenrijk (4,4%), en andere (3,9%). Het aandeel van de overheidsuitgaven in BBP van de leiders: Nederland (23,0%), Frankrijk (22,9%), België (22,3%), Oostenrijk (19,3%) en Duitsland (18,8%). De overheidsuitgaven per hoofd in West-Europa onder de leiders: Nederland ($9.376,8), België ($7.780,1), Frankrijk ($7.640,9), Oostenrijk ($7.128,2) en Duitsland ($6.389,7). De groei van de overheidsuitgaven onder de leiders: Nederland (3,5%), België (2,0%), Frankrijk (1,7%), Oostenrijk (1,6%) en Duitsland (1,4%).

de jaren 2010

De overheidsuitgaven van West-Europa bedroeg in de jaren 2010 US$1,9 biljoen per jaar. Het aandeel in de wereld was 14,3%, en 44,1% in Europa.

Het aandeel van de overheidsuitgaven in het BBP van West-Europa was 21,0% in de jaren 2010, en was vergelijkbaar met Dominica (21,0%), Noord-Europa (21,0%), Griekenland (20,9%).

De overheidsuitgaven per hoofd in West-Europa was $9.647,4 in de jaren 2010s, en was vergelijkbaar met Frankrijk (US$9,6 duizend), Zwitserland (US$9,6 duizend), Oostenrijk (US$9,6 duizend). De overheidsuitgaven per hoofd in West-Europa was in 5,4 keer hoger dan de overheidsuitgaven per hoofd van de bevolking in de wereld ($1.785,1), en was 69,1% hoger dan de overheidsuitgaven per hoofd van de bevolking in Europa ($1.785,1).

De groei van de overheidsuitgaven in West-Europa bedroeg 1.4% in de jaren 2010. De groei van de overheidsuitgaven in West-Europa (1,4%) was minder dan de groei van de overheidsuitgaven in de wereld (2,3%), was groter dan de groei van de overheidsuitgaven in Europa (0,99%).

Vergelijking met subregio's. De overheidsuitgaven van West-Europa was 87,0% groter dan in Noord-Europa (US$1,0 biljoen), 2,4 keer groter dan in Zuid-Europa (US$794,7 miljard) en 3,2 keer groter dan in Oost-Europa (US$579,6 miljard). De overheidsuitgaven per hoofd in West-Europa was in West-Europa85,7% groter dan in Zuid-Europa (US$5,2 duizend) en 4,9 keer groter dan in Oost-Europa (US$1.969,5); maar 0,77% minder dan in Noord-Europa (US$9,7 duizend). De groei van de overheidsuitgaven in West-Europa was groter dan in Noord-Europa (1,2%), in Oost-Europa (1,1%) en in Zuid-Europa (-0,30%).

Leiders. De overheidsuitgaven van West-Europa in de jaren 2010 bestond uit: Duitsland (38,6%), Frankrijk (34,1%), Nederland (11,6%), België (6,4%), Oostenrijk (4,4%), en andere (4,9%). Het aandeel van de overheidsuitgaven in BBP van de leiders: Nederland (25,2%), Frankrijk (23,7%), België (23,7%), Oostenrijk (19,8%) en Duitsland (19,7%). De overheidsuitgaven per hoofd in West-Europa onder de leiders: Nederland ($12.783,2), België ($10.668,3), Frankrijk ($9.617,6), Oostenrijk ($9.576,9) en Duitsland ($8.815,0). De groei van de overheidsuitgaven onder de leiders: Duitsland (1,9%), Frankrijk (1,3%), Oostenrijk (0,80%), België (0,72%) en Nederland (0,54%).

Hoofdstuk XIII. Huishoudelijke uitgaven

Consumptieve bestedingen van de huishoudens

De huishoudelijke uitgaven van West-Europa steeg van US$602,9 miljard per jaar in de jaren 1970 tot US$4,7 biljoen per jaar in de jaren 2010, dat wil zeggen met US$4,1 biljoen of 7,8 keer. De verandering vond plaats op US$3,5 biljoen als gevolg van een 3,8-voudige stijging van de prijzen, en ook op US$537,5 miljard als gevolg van een 1,8-voudige toename van het tarief per hoofd , evenals op US$84,7 miljard als gevolg van de toename van de bevolking. De gemiddelde jaarlijkse groei van de huishoudelijke uitgaven is 2,0%. De minimumwaarde van de huishoudelijke uitgaven bedroeg US$257,8 miljard in 1970. De maximumwaarde van de huishoudelijke uitgaven bedroeg US$4,9 biljoen in 2014.

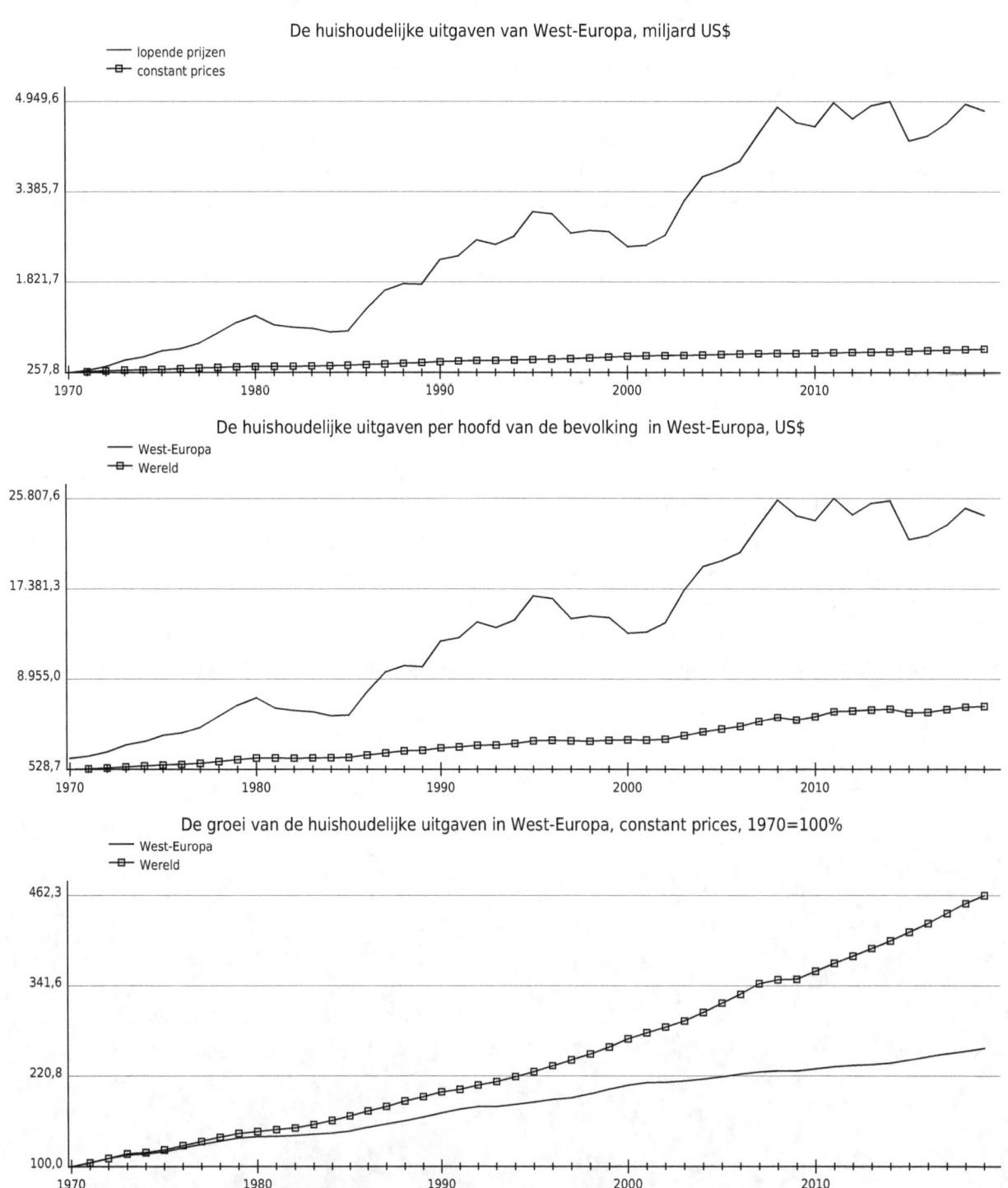

De huishoudelijke uitgaven van West-Europa, miljard US$

De huishoudelijke uitgaven per hoofd van de bevolking in West-Europa, US$

De groei van de huishoudelijke uitgaven in West-Europa, constant prices, 1970=100%

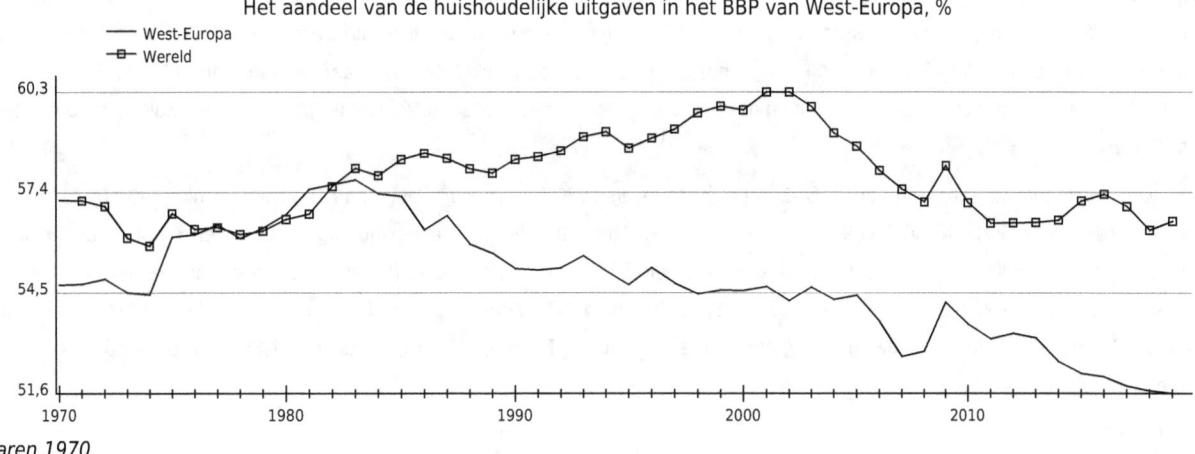

Het aandeel van de huishoudelijke uitgaven in het BBP van West-Europa, %

de jaren 1970

De huishoudelijke uitgaven van West-Europa bedroeg in de jaren 1970 US$602,9 miljard per jaar. Het aandeel in de wereld was 16,3%, en 40,7% in Europa.

Het aandeel van de huishoudelijke uitgaven in het BBP van West-Europa was 55,7% in de jaren 1970, en was vergelijkbaar met Zuidelijk Afrika (55,6%), Australië (55,9%), Oostenrijk (56,0%).

De huishoudelijke uitgaven per hoofd in West-Europa was $3.547,1 in de jaren 1970s, en was vergelijkbaar met Duitsland (US$3,5 duizend). De huishoudelijke uitgaven per hoofd in West-Europa was in 3,9 keer hoger dan de huishoudelijke uitgaven per hoofd van de bevolking in de wereld ($914,8), en was 73,8% hoger dan de huishoudelijke uitgaven per hoofd van de bevolking in Europa ($914,8).

De groei van de huishoudelijke uitgaven in West-Europa bedroeg 3.6% in de jaren 1970, en was vergelijkbaar met Duitsland (3,6%), de Bahama's (3,6%), de Verenigde Staten (3,6%). De groei van de huishoudelijke uitgaven in West-Europa (3,6%) was minder dan de groei van de huishoudelijke uitgaven in de wereld (4,1%), was minder dan de groei van de huishoudelijke uitgaven in Europa (3,7%).

Vergelijking met subregio's. De huishoudelijke uitgaven van West-Europa was groter dan in Oost-Europa (US$379,7 miljard), in Noord-Europa (US$253,1 miljard) en in Zuid-Europa (US$245,1 miljard). De huishoudelijke uitgaven per hoofd in West-Europa was in West-Europa groter dan in Noord-Europa (US$3,1 duizend), in Zuid-Europa (US$1.848,8) en in Oost-Europa (US$1.111,6). De groei van de huishoudelijke uitgaven in West-Europa was groter dan in Noord-Europa (2,6%); maar minder dan in Oost-Europa (5,1%) en in Zuid-Europa (4,1%).

Leiders. De huishoudelijke uitgaven van West-Europa in de jaren 1970 bestond uit: Duitsland (46,1%), Frankrijk (30,0%), Nederland (8,4%), Zwitserland (6,0%), België (5,6%), en andere (4,0%). Het aandeel van de huishoudelijke uitgaven in BBP van de leiders: Zwitserland (59,8%), Duitsland (57,4%), Frankrijk (54,2%), België (52,7%) en Nederland (52,4%). De huishoudelijke uitgaven per hoofd in West-Europa onder de leiders: Zwitserland ($5.758,8), Nederland ($3.741,6), Duitsland ($3.527,2), België ($3.431,2) en Frankrijk ($3.371,0). De groei van de huishoudelijke uitgaven onder de leiders: België (4,2%), Frankrijk (4,0%), Nederland (3,7%), Duitsland (3,6%) en Zwitserland (1,9%).

de jaren 1980

De huishoudelijke uitgaven van West-Europa bedroeg in de jaren 1980 US$1,3 biljoen per jaar. Het aandeel in de wereld was 14,8%, en 42,1% in Europa.

Het aandeel van de huishoudelijke uitgaven in het BBP van West-Europa was 56,7% in de jaren 1980, en was vergelijkbaar met Zimbabwe (56,7%), Mongolië (56,8%), Europa (56,5%).

De huishoudelijke uitgaven per hoofd in West-Europa was $7.437,2 in de jaren 1980s, en was vergelijkbaar met Groenland (US$7,4 duizend), Australazië (US$7,4 duizend), Duitsland (US$7,4 duizend). De huishoudelijke uitgaven per hoofd in West-Europa was in 4,1 keer hoger dan de huishoudelijke uitgaven per hoofd van de bevolking in de wereld ($1.808,0), en was 86,3% hoger dan de huishoudelijke uitgaven per hoofd van de bevolking in Europa ($1.808,0).

De groei van de huishoudelijke uitgaven in West-Europa bedroeg 1.9% in de jaren 1980. De groei van de huishoudelijke uitgaven in West-Europa (1,9%) was minder dan de groei van de huishoudelijke uitgaven in de wereld (3,0%), was minder dan de groei van de huishoudelijke uitgaven in Europa (2,3%).

Vergelijking met subregio's. De huishoudelijke uitgaven van West-Europa was groter dan in Noord-Europa (US$622,6 miljard), in Zuid-Europa (US$609,8 miljard) en in Oost-Europa (US$541,4 miljard). De huishoudelijke uitgaven per hoofd in West-Europa was in West-Europa groter dan in Zuid-Europa (US$4,3 duizend) en in Oost-Europa (US$1.462,8); maar minder dan in Noord-Europa (US$7,5 duizend). De groei van de huishoudelijke uitgaven in West-Europa was minder dan in Noord-Europa (3,0%), in Zuid-Europa (2,6%) en in Oost-Europa (2,2%).

Leiders. De huishoudelijke uitgaven van West-Europa in de jaren 1980 bestond uit: Duitsland (44,6%), Frankrijk (31,6%), Nederland (7,6%), Zwitserland (6,6%), België (5,1%), en andere (4,4%). Het aandeel van de huishoudelijke uitgaven in BBP van de leiders: Zwitserland (59,7%), Duitsland (58,1%), Frankrijk (55,9%), België (55,9%) en Nederland (50,9%). De huishoudelijke uitgaven per hoofd in West-Europa onder de leiders: Zwitserland ($13.238,3), Duitsland ($7.378,3), Frankrijk ($7.220,4), Nederland ($6.755,6) en België ($6.628,6). De groei van de huishoudelijke uitgaven onder de leiders: Frankrijk (2,3%), Duitsland (1,8%), Zwitserland (1,7%), België (1,6%) en Nederland (0,68%).

de jaren 1990

De huishoudelijke uitgaven van West-Europa bedroeg in de jaren 1990 US$2,6 biljoen per jaar. Het aandeel in de wereld was 15,5%, en 46,9% in Europa.

Het aandeel van de huishoudelijke uitgaven in het BBP van West-Europa was 55,0% in de jaren 1990, en was vergelijkbaar met Zuidoost-Azië (54,9%), Israël (54,9%), Polynesië (54,9%).

De huishoudelijke uitgaven per hoofd in West-Europa was $14.513,3 in de jaren 1990s, en was vergelijkbaar met Zweden (US$14,6 duizend), Oostenrijk (US$14,3 duizend), Andorra (US$14,3 duizend). De huishoudelijke uitgaven per hoofd in West-Europa was in 4,9 keer hoger dan de huishoudelijke uitgaven per hoofd van de bevolking in de wereld ($2.963,9), en was 88,4% hoger dan de huishoudelijke uitgaven per hoofd van de bevolking in Europa ($2.963,9).

De groei van de huishoudelijke uitgaven in West-Europa bedroeg 2% in de jaren 1990, en was vergelijkbaar met België (2,0%), Samoa (2,1%). De groei van de huishoudelijke uitgaven in West-Europa (2,0%) was minder dan de groei van de huishoudelijke uitgaven in de wereld (3,0%), was groter dan de groei van de huishoudelijke uitgaven in Europa (1,8%).

Vergelijking met subregio's. De huishoudelijke uitgaven van West-Europa was groter dan in Zuid-Europa (US$1,3 biljoen), in Noord-Europa (US$1,3 biljoen) en in Oost-Europa (US$409,1 miljard). De huishoudelijke uitgaven per hoofd in West-Europa was in West-Europa groter dan in Noord-Europa (US$13,8 duizend), in Zuid-Europa (US$8,9 duizend) en in Oost-Europa (US$1.324,5). De groei van de huishoudelijke uitgaven in West-Europa was groter dan in Zuid-Europa (2,0%) en in Oost-Europa (-2,0%); maar minder dan in Noord-Europa (2,7%).

Leiders. De huishoudelijke uitgaven van West-Europa in de jaren 1990 bestond uit: Duitsland (46,6%), Frankrijk (29,8%), Nederland (7,5%), Zwitserland (6,4%), België (5,0%), en andere (4,7%). Het aandeel van de huishoudelijke uitgaven in BBP van de leiders: Zwitserland (57,3%), Duitsland (56,1%), Frankrijk (54,7%), België (53,4%) en Nederland (49,8%). De huishoudelijke uitgaven per hoofd in West-Europa onder de leiders: Zwitserland ($24.301,3), Duitsland ($15.158,9), Frankrijk ($13.185,2), België ($12.920,6) en Nederland ($12.752,9). De groei van de huishoudelijke uitgaven onder de leiders: Nederland (3,3%), Duitsland (2,1%), België (2,0%), Frankrijk (1,8%) en Zwitserland (1,3%).

de jaren 2000

De huishoudelijke uitgaven van West-Europa bedroeg in de jaren 2000 US$3,6 biljoen per jaar. Het aandeel in de wereld was 13,1%, en 41,3% in Europa.

Het aandeel van de huishoudelijke uitgaven in het BBP van West-Europa was 53,9% in de jaren 2000, en was vergelijkbaar met de Kaaimaneilanden (53,8%), Estland (53,7%), Cuba (54,2%).

De huishoudelijke uitgaven per hoofd in West-Europa was $19.176,3 in de jaren 2000s, en was vergelijkbaar met Zweden (US$19,2 duizend), Sint Maarten (US$19,1 duizend), Canada (US$19,0 duizend). De huishoudelijke uitgaven per hoofd in West-Europa was in 4,6 keer hoger dan de huishoudelijke uitgaven per hoofd van de bevolking in de wereld ($4.208,2), en was 61,1% hoger dan de huishoudelijke uitgaven per hoofd van de bevolking in Europa ($4.208,2).

De groei van de huishoudelijke uitgaven in West-Europa bedroeg 1.1% in de jaren 2000, en was vergelijkbaar met Aruba (1,1%). De groei van de huishoudelijke uitgaven in West-Europa (1,1%) was minder dan de groei van de huishoudelijke uitgaven in de wereld

(3,0%), was minder dan de groei van de huishoudelijke uitgaven in Europa (2,0%).

Vergelijking met subregio's. De huishoudelijke uitgaven van West-Europa was groter dan in Noord-Europa (US$2,2 biljoen), in Zuid-Europa (US$2,1 biljoen) en in Oost-Europa (US$901,7 miljard). De huishoudelijke uitgaven per hoofd in West-Europa was in West-Europa groter dan in Zuid-Europa (US$13,8 duizend) en in Oost-Europa (US$3,0 duizend); maar minder dan in Noord-Europa (US$22,4 duizend). De groei van de huishoudelijke uitgaven in West-Europa was minder dan in Oost-Europa (6,4%), in Noord-Europa (2,3%) en in Zuid-Europa (1,5%).

Leiders. De huishoudelijke uitgaven van West-Europa in de jaren 2000 bestond uit: Duitsland (42,9%), Frankrijk (31,7%), Nederland (8,8%), Zwitserland (6,3%), België (5,2%), en andere (5,0%). Het aandeel van de huishoudelijke uitgaven in BBP van de leiders: Duitsland (55,7%), Zwitserland (54,8%), Frankrijk (54,3%), België (50,8%) en Nederland (47,9%). De huishoudelijke uitgaven per hoofd in West-Europa onder de leiders: Zwitserland ($30.683,1), Nederland ($19.481,5), Duitsland ($18.912,2), Frankrijk ($18.146,8) en België ($17.723,2). De groei van de huishoudelijke uitgaven onder de leiders: Frankrijk (2,0%), Zwitserland (1,5%), België (1,3%), Nederland (0,90%) en Duitsland (0,46%).

de jaren 2010

De huishoudelijke uitgaven van West-Europa bedroeg in de jaren 2010 US$4,7 biljoen per jaar. Het aandeel in de wereld was 10,6%, en 40,3% in Europa.

Het aandeel van de huishoudelijke uitgaven in het BBP van West-Europa was 52,5% in de jaren 2010, en was vergelijkbaar met Wit-Rusland (52,6%), Panama (52,5%), Zwitserland (52,3%).

De huishoudelijke uitgaven per hoofd in West-Europa was $24.150,4 in de jaren 2010s, en was vergelijkbaar met Oceanië (US$24,1 duizend), Duitsland (US$23,9 duizend). De huishoudelijke uitgaven per hoofd in West-Europa was in 4,0 keer hoger dan de huishoudelijke uitgaven per hoofd van de bevolking in de wereld ($6.018,5), en was 54,7% hoger dan de huishoudelijke uitgaven per hoofd van de bevolking in Europa ($6.018,5).

De groei van de huishoudelijke uitgaven in West-Europa bedroeg 1.3% in de jaren 2010. De groei van de huishoudelijke uitgaven in West-Europa (1,3%) was minder dan de groei van de huishoudelijke uitgaven in de wereld (2,8%), was minder dan de groei van de huishoudelijke uitgaven in Europa (1,3%).

Vergelijking met subregio's. De huishoudelijke uitgaven van West-Europa was 73,7% groter dan in Noord-Europa (US$2,7 biljoen), 88,1% groter dan in Zuid-Europa (US$2,5 biljoen) en 2,7 keer groter dan in Oost-Europa (US$1,8 biljoen). De huishoudelijke uitgaven per hoofd in West-Europa was in West-Europa48,4% groter dan in Zuid-Europa (US$16,3 duizend) en 4,1 keer groter dan in Oost-Europa (US$6,0 duizend); maar 7,8% minder dan in Noord-Europa (US$26,2 duizend). De groei van de huishoudelijke uitgaven in West-Europa was groter dan in Zuid-Europa (0,15%); maar minder dan in Oost-Europa (2,7%) en in Noord-Europa (1,8%).

Leiders. De huishoudelijke uitgaven van West-Europa in de jaren 2010 bestond uit: Duitsland (41,8%), Frankrijk (31,2%), Nederland (8,2%), Zwitserland (7,9%), België (5,6%), en andere (5,3%). Het aandeel van de huishoudelijke uitgaven in BBP van de leiders: Frankrijk (54,4%), Duitsland (53,5%), Zwitserland (52,3%), België (51,7%) en Nederland (44,9%). De huishoudelijke uitgaven per hoofd in West-Europa onder de leiders: Zwitserland ($44.710,0), Duitsland ($23.925,0), België ($23.295,3), Nederland ($22.752,6) en Frankrijk ($22.028,8). De groei van de huishoudelijke uitgaven onder de leiders: Zwitserland (1,6%), België (1,6%), Duitsland (1,4%), Frankrijk (1,1%) en Nederland (0,73%).

Hoofdstuk XIV. Voedsel consumptie

Tijdens de onderzoeksperiode groeide de voedselconsumptie in specerijen (in 2,1 keer), noten (met 95,8%), plantaardige oliën (met 55,9%), vis (met 48,2%), granen (met 20,5%), melk (met 17,5%), stimulerende middelen (met 15,3%), groenten (met 14,9%), fruit (met 11,4%), suiker (met 10,5%), vlees (met 0,93%), maar daalde in peulvruchten (met 9,9%), eieren (met 13,3%), zetmeelrijke wortels (met 45,9%), alcoholische dranken (met 47,6%).

Dit zijn de correlatiecoëfficiënten tussen het bni per hoofd van de bevolking in constante prijzen en de voedselconsumptie: noten (0.995), specerijen (0.984), plantaardige oliën (0.981), vis (0.98), groenten (0.976), fruit (0.974), suiker (0.926), granen (0.917), melk (0.757), stimulerende middelen (0.374), vlees (-0.314), peulvruchten (-0.713), eieren (-0.871), alcoholische dranken (-0.99), zetmeelrijke wortels (-0.991).

de jaren 1970

De consumptie van kcal in West-Europa was 3.209,6 kcal/hoofd/dag in the 1970s, and was on a par with Israël (3.208,7 kcal/hoofd/dag), Oostenrijk (3.222,2 kcal/hoofd/dag), Argentinië (3.182,1 kcal/hoofd/dag). De consumptie van kcal in West-Europa was groter dan in de wereld (2.403,2 kcal/hoofd/dag), en was minder dan in Europa (3.283,8 kcal/hoofd/dag). De structuur van de consumptie: granen (22.3%), vlees (12.8%), suiker (12.5%), melk (9.2%), plantaardige oliën (9.1%), en anderen (34.1%).

De consumptie van eiwitten in West-Europa was 95,3 g/hoofd/dag in the 1970s, and was on a par with Bermuda (95,2 g/hoofd/dag), de Nederland (94,9 g/hoofd/dag), Canada (94,7 g/hoofd/dag). De consumptie van eiwitten in West-Europa was groter dan in de wereld (65,0 g/hoofd/dag), en was minder dan in Europa (98,6 g/hoofd/dag). De structuur van de consumptie: vlees (29.6%), granen (23.2%), melk (20.4%), eieren (4.7%), zetmeelrijke wortels (4.3%), en anderen (17.8%).

De consumptie van vet in West-Europa was 130,7 g/hoofd/dag in the 1970s, and was on a par with Finland (129,7 g/hoofd/dag). De consumptie van vet in West-Europa was groter dan in de wereld (55,1 g/hoofd/dag), en was groter dan in Europa (109,6 g/hoofd/dag). De structuur van de consumptie: plantaardige oliën (25.1%), vlees (24.7%), melk (12.7%), eieren (3%), granen (2.2%), en anderen (32.3%).

Dit zijn niveaus van voedselconsumptie: melk (220,4 kg/hoofd/jr), alcoholische dranken (156,2 kg/hoofd/jr), granen (95,8 kg/hoofd/jr), zetmeelrijke wortels (93,4 kg/hoofd/jr), fruit (92,5 kg/hoofd/jr), vlees (85,1 kg/hoofd/jr), groenten (85,0 kg/hoofd/jr), suiker (41,3 kg/hoofd/jr), vis (15,0 kg/hoofd/jr), eieren (14,4 kg/hoofd/jr), plantaardige oliën (12,2 kg/hoofd/jr), stimulerende middelen (7,3 kg/hoofd/jr), noten (2,9 kg/hoofd/jr), peulvruchten (1,5 kg/hoofd/jr), specerijen (0,34 kg/hoofd/jr).

de jaren 1980

De consumptie van kcal in West-Europa was 3.386,1 kcal/hoofd/dag in the 1980s, and was on a par with Oostenrijk (3.394,7 kcal/hoofd/dag), de Sovjet-Unie (3.377,5 kcal/hoofd/dag), Oost-Europa (3.369,6 kcal/hoofd/dag). De consumptie van kcal in West-Europa was groter dan in de wereld (2.572,3 kcal/hoofd/dag), en was groter dan in Europa (3.346,9 kcal/hoofd/dag). De structuur van de consumptie: granen (22.4%), vlees (13.3%), suiker (11.6%), plantaardige oliën (9.9%), melk (9.8%), en anderen (33%).

De consumptie van eiwitten in West-Europa was 103,4 g/hoofd/dag in the 1980s, and was on a par with Polen (103,7 g/hoofd/dag), de Verenigde Staten (103,2 g/hoofd/dag), Joegoslavië (103,9 g/hoofd/dag). De consumptie van eiwitten in West-Europa was groter dan in de wereld (69,1 g/hoofd/dag), en was groter dan in Europa (102,3 g/hoofd/dag). De structuur van de consumptie: vlees (29.8%), granen (22.4%), melk (21.9%), eieren (4.6%), vis (4.1%), en anderen (17.2%).

De consumptie van vet in West-Europa was 143,9 g/hoofd/dag in the 1980s. De consumptie van vet in West-Europa was groter dan in de wereld (63,2 g/hoofd/dag), en was groter dan in Europa (119,5 g/hoofd/dag). De structuur van de consumptie: plantaardige oliën (26.4%), vlees (24.5%), melk (13.1%), eieren (2.9%), granen (2.2%), en anderen (30.9%).

Dit zijn niveaus van voedselconsumptie: melk (255,4 kg/hoofd/jr), alcoholische dranken (153,5 kg/hoofd/jr), granen (101,3 kg/hoofd/jr), fruit (95,8 kg/hoofd/jr), vlees (94,1 kg/hoofd/jr), groenten (89,5 kg/hoofd/jr), zetmeelrijke wortels (83,6 kg/hoofd/jr), suiker (40,7 kg/hoofd/jr), vis (16,8 kg/hoofd/jr), eieren (15,3 kg/hoofd/jr), plantaardige oliën (14,1 kg/hoofd/jr), stimulerende middelen (9,0 kg/hoofd/jr), noten (3,4 kg/hoofd/jr), peulvruchten (1,6 kg/hoofd/jr), specerijen (0,44 kg/hoofd/jr).

de jaren 1990

De consumptie van kcal in West-Europa was 3.395,3 kcal/hoofd/dag in the 1990s, and was on a par with Zuid-Europa (3.371,0 kcal/hoofd/dag). De consumptie van kcal in West-Europa was groter dan in de wereld (2.652,6 kcal/hoofd/dag), en was groter dan in Europa (3.214,0 kcal/hoofd/dag). De structuur van de consumptie: granen (22%), vlees (13%), suiker (12%), plantaardige oliën (11.9%), melk (9.7%), en anderen (31.4%).

De consumptie van eiwitten in West-Europa was 102,3 g/hoofd/dag in the 1990s, and was on a par with Malta (102,6 g/hoofd/dag), Oostenrijk (103,0 g/hoofd/dag), Noorwegen (101,3 g/hoofd/dag). De consumptie van eiwitten in West-Europa was groter dan in de wereld (72,1 g/hoofd/dag), en was groter dan in Europa (97,9 g/hoofd/dag). De structuur van de consumptie: vlees (29.2%), granen (22.3%), melk (22%), vis (4.9%), eieren (4.2%), en anderen (17.4%).

De consumptie van vet in West-Europa was 151,1 g/hoofd/dag in the 1990s, and was on a par with Zwitserland (150,2 g/hoofd/dag), Italië (150,1 g/hoofd/dag). De consumptie van vet in West-Europa was groter dan in de wereld (69,0 g/hoofd/dag), en was groter dan in Europa (119,3 g/hoofd/dag). De structuur van de consumptie: plantaardige oliën (30.4%), vlees (22.9%), melk (12.9%), eieren (2.5%), granen (2.1%), en anderen (29.2%).

Dit zijn niveaus van voedselconsumptie: melk (255,7 kg/hoofd/jr), alcoholische dranken (135,3 kg/hoofd/jr), fruit (99,3 kg/hoofd/jr), granen (98,4 kg/hoofd/jr), groenten (92,9 kg/hoofd/jr), vlees (90,6 kg/hoofd/jr), zetmeelrijke wortels (76,9 kg/hoofd/jr), suiker (42,1 kg/hoofd/jr), vis (19,7 kg/hoofd/jr), plantaardige oliën (16,8 kg/hoofd/jr), eieren (13,7 kg/hoofd/jr), stimulerende middelen (9,7 kg/hoofd/jr), noten (4,5 kg/hoofd/jr), peulvruchten (1,6 kg/hoofd/jr), specerijen (0,48 kg/hoofd/jr).

de jaren 2000

De consumptie van kcal in West-Europa was 3.487,2 kcal/hoofd/dag in the 2000s, and was on a par with Canada (3.487,9 kcal/hoofd/dag), Luxemburg (3.495,5 kcal/hoofd/dag), Koeweit (3.508,8 kcal/hoofd/dag). De consumptie van kcal in West-Europa was groter dan in de wereld (2.765,9 kcal/hoofd/dag), en was groter dan in Europa (3.316,3 kcal/hoofd/dag). De structuur van de consumptie: granen (24.1%), plantaardige oliën (12.7%), suiker (12.5%), vlees (11.6%), melk (10%), en anderen (29.1%).

De consumptie van eiwitten in West-Europa was 104,5 g/hoofd/dag in the 2000s, and was on a par with Australië (104,6 g/hoofd/dag), Canada (104,3 g/hoofd/dag), Noord-Europa (104,1 g/hoofd/dag). De consumptie van eiwitten in West-Europa was groter dan in de wereld (76,5 g/hoofd/dag), en was groter dan in Europa (100,0 g/hoofd/dag). De structuur van de consumptie: vlees (27.4%), granen (24.4%), melk (22.9%), vis (5.9%), eieren (4%), en anderen (15.4%).

De consumptie van vet in West-Europa was 151,3 g/hoofd/dag in the 2000s. De consumptie van vet in West-Europa was groter dan in de wereld (76,9 g/hoofd/dag), en was groter dan in Europa (123,9 g/hoofd/dag). De structuur van de consumptie: plantaardige oliën (33.1%), vlees (20.6%), melk (13.5%), granen (2.4%), eieren (2.4%), en anderen (28%).

Dit zijn niveaus van voedselconsumptie: melk (263,6 kg/hoofd/jr), alcoholische dranken (117,5 kg/hoofd/jr), granen (109,7 kg/hoofd/jr), fruit (99,9 kg/hoofd/jr), groenten (97,3 kg/hoofd/jr), vlees (85,9 kg/hoofd/jr), zetmeelrijke wortels (69,0 kg/hoofd/jr), suiker (45,5 kg/hoofd/jr), vis (21,8 kg/hoofd/jr), plantaardige oliën (18,3 kg/hoofd/jr), eieren (13,4 kg/hoofd/jr), stimulerende middelen (9,1 kg/hoofd/jr), noten (5,2 kg/hoofd/jr), peulvruchten (1,3 kg/hoofd/jr), specerijen (0,58 kg/hoofd/jr).

de jaren 2010

De consumptie van kcal in West-Europa was 3.499,5 kcal/hoofd/dag in the 2010s, and was on a par with Frankrijk (3.498,0 kcal/hoofd/dag), Noorwegen (3.489,5 kcal/hoofd/dag), Duitsland (3.510,5 kcal/hoofd/dag). De consumptie van kcal in West-Europa was groter dan in de wereld (2.869,3 kcal/hoofd/dag), en was groter dan in Europa (3.363,0 kcal/hoofd/dag). De structuur van de consumptie: granen (25.3%), plantaardige oliën (13.1%), suiker (12.5%), vlees (11.4%), melk (9.9%), en anderen (27.8%).

De consumptie van eiwitten in West-Europa was 105,5 g/hoofd/dag in the 2010s, and was on a par with Spanje (105,6 g/hoofd/dag), Noord-Europa (105,3 g/hoofd/dag), Australië (105,1 g/hoofd/dag). De consumptie van eiwitten in West-Europa was groter dan in de wereld (80,6 g/hoofd/dag), en was groter dan in Europa (102,1 g/hoofd/dag). De structuur van de consumptie: vlees (27.4%), granen (25.5%), melk (22.8%), vis (6%), eieren (3.8%), en anderen (14.5%).

De consumptie van vet in West-Europa was 150,4 g/hoofd/dag in the 2010s, and was on a par with Griekenland (150,4 g/hoofd/dag), Noorwegen (149,7 g/hoofd/dag), Australië (149,4 g/hoofd/dag). De consumptie van vet in West-Europa was groter dan in de wereld (82,4 g/hoofd/dag), en was groter dan in Europa (128,7 g/hoofd/dag). De structuur van de consumptie: plantaardige oliën (34.4%), vlees (20.3%), melk (13.5%), granen (2.6%), noten (2.3%), en anderen (26.9%).

Dit zijn niveaus van voedselconsumptie: melk (258,9 kg/hoofd/jr), granen (115,5 kg/hoofd/jr), alcoholische dranken (105,8 kg/hoofd/jr), fruit (103,1 kg/hoofd/jr), groenten (97,6 kg/hoofd/jr), vlees (85,9 kg/hoofd/jr), zetmeelrijke wortels (64,0 kg/hoofd/jr), suiker (45,6 kg/hoofd/jr), vis (22,2 kg/hoofd/jr), plantaardige oliën (19,0 kg/hoofd/jr), eieren (12,7 kg/hoofd/jr), stimulerende middelen (8,4 kg/hoofd/jr), noten (5,7 kg/hoofd/jr), peulvruchten (1,4 kg/hoofd/jr), specerijen (0,70 kg/hoofd/jr).

Part V. Reproductie

Index van Koesjnir, (-) consumptie - (+) reproductie

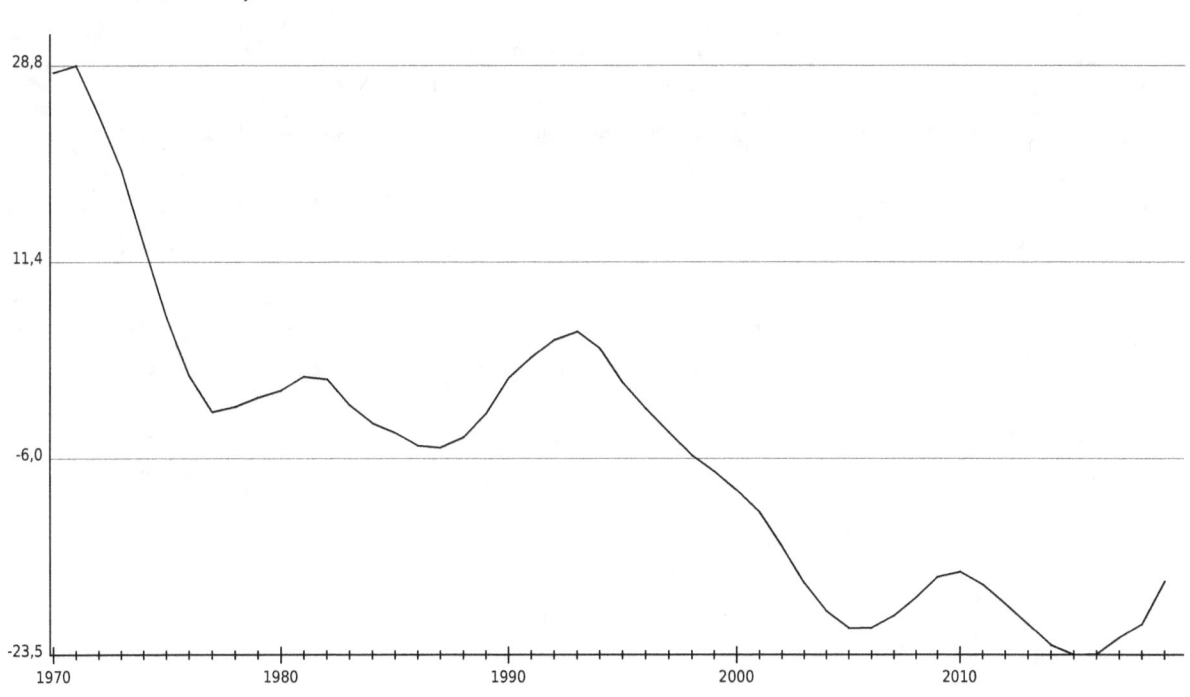

Hoofdstuk XV. Bruto-investeringen in vaste activa

De investeringen in vaste activa van West-Europa steeg van US$277,6 miljard per jaar in de jaren 1970 tot US$1,9 biljoen per jaar in de jaren 2010, dat wil zeggen met US$1,7 biljoen of 7,0 keer. De verandering vond plaats op US$1,4 biljoen als gevolg van een 3,5-voudige stijging van de prijzen, en ook op US$232,0 miljard als gevolg van een 1,7-voudige toename van het tarief per hoofd , evenals op US$39,0 miljard als gevolg van de toename van de bevolking. De gemiddelde jaarlijkse groei van de investeringen in vaste activa is 1,8%. De minimumwaarde van de investeringen in vaste activa bedroeg US$133,1 miljard in 1970. De maximumwaarde van de investeringen in vaste activa bedroeg US$2,1 biljoen in 2019.

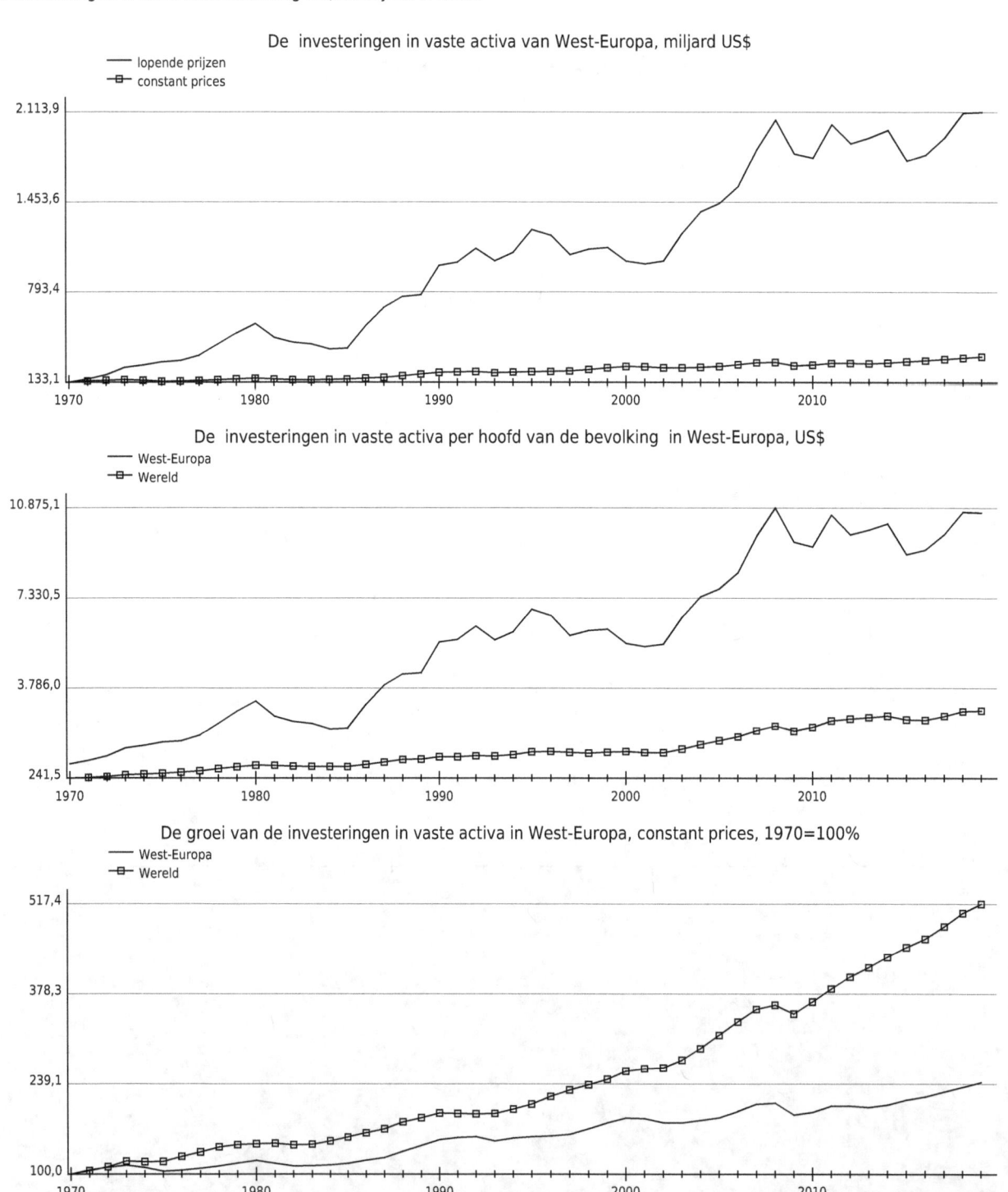

De investeringen in vaste activa van West-Europa, miljard US$

De investeringen in vaste activa per hoofd van de bevolking in West-Europa, US$

De groei van de investeringen in vaste activa in West-Europa, constant prices, 1970=100%

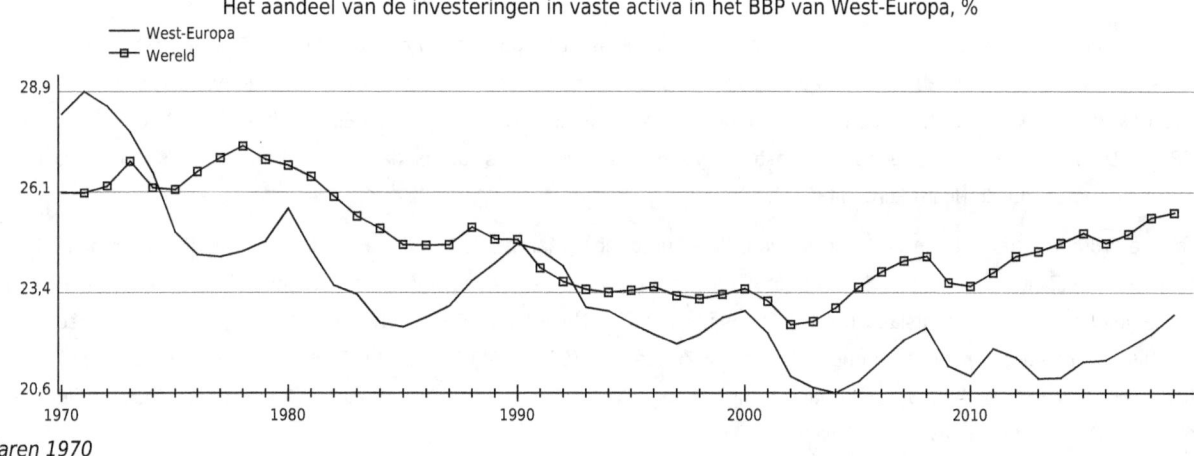

Het aandeel van de investeringen in vaste activa in het BBP van West-Europa, %

de jaren 1970

De investeringen in vaste activa van West-Europa bedroeg in de jaren 1970 US$277,6 miljard per jaar. Het aandeel in de wereld was 15,9%, en 37,6% in Europa.

Het aandeel van de investeringen in vaste activa in het BBP van West-Europa was 25,7% in de jaren 1970, en was vergelijkbaar met België (25,7%), Syrië (25,7%), Ierland (25,6%).

De bruto-investeringen in vaste activa per hoofd in West-Europa was $1.633,0 in de jaren 1970s, en was vergelijkbaar met Duitsland (US$1.597,2), België (US$1.670,6). De investeringen in vaste activa per hoofd in West-Europa was in 3,8 keer hoger dan de investeringen in vaste activa per hoofd van de bevolking in de wereld ($433,5), en was 60,4% hoger dan de investeringen in vaste activa per hoofd van de bevolking in Europa ($433,5).

De groei van de investeringen in vaste activa in West-Europa bedroeg 1.7% in de jaren 1970, en was vergelijkbaar met Denemarken (1,7%). De groei van de investeringen in vaste activa in West-Europa (1,7%) was minder dan de groei van de investeringen in vaste activa in de wereld (4,2%), was minder dan de groei van de investeringen in vaste activa in Europa (2,4%).

Vergelijking met subregio's. De investeringen in vaste activa van West-Europa was groter dan in Oost-Europa (US$248,0 miljard), in Noord-Europa (US$106,6 miljard) en in Zuid-Europa (US$106,4 miljard). De investeringen in vaste activa per hoofd in West-Europa was in West-Europa groter dan in Noord-Europa (US$1.311,5), in Zuid-Europa (US$802,3) en in Oost-Europa (US$725,9). De groei van de investeringen in vaste activa in West-Europa was groter dan in Noord-Europa (1,6%); maar minder dan in Oost-Europa (3,7%) en in Zuid-Europa (2,8%).

Leiders. De investeringen in vaste activa van West-Europa in de jaren 1970 bestond uit: Duitsland (45,3%), Frankrijk (29,8%), Nederland (8,3%), Zwitserland (6,3%), België (5,9%), en andere (4,3%). Het aandeel van de investeringen in vaste activa in BBP van de leiders: Zwitserland (29,0%), Duitsland (26,0%), België (25,7%), Frankrijk (24,9%) en Nederland (23,8%). De investeringen in vaste activa per hoofd in West-Europa onder de leiders: Zwitserland ($2.797,2), Nederland ($1.703,3), België ($1.670,6), Duitsland ($1.597,2) en Frankrijk ($1.545,4). De groei van de investeringen in vaste activa onder de leiders: Frankrijk (2,7%), België (1,9%), Duitsland (1,5%), Nederland (-0,013%) en Zwitserland (-0,047%).

de jaren 1980

De investeringen in vaste activa van West-Europa bedroeg in de jaren 1980 US$537,0 miljard per jaar. Het aandeel in de wereld was 14,0%, en 40,0% in Europa.

Het aandeel van de investeringen in vaste activa in het BBP van West-Europa was 23,6% in de jaren 1980, en was vergelijkbaar met Noord-Europa (23,6%), Nieuw-Zeeland (23,7%), Zuidelijk Afrika (23,7%).

De investeringen in vaste activa per hoofd in West-Europa was $3.096,7 in de jaren 1980s, en was vergelijkbaar met Bahrein (US$3,1 duizend), Duitsland (US$3,1 duizend), Andorra (US$3,2 duizend). De bruto-investeringen in vaste activa per hoofd in West-Europa was in 3,9 keer hoger dan de investeringen in vaste activa per hoofd van de bevolking in de wereld ($790,9), en was 77,1% hoger dan de investeringen in vaste activa per hoofd van de bevolking in Europa ($790,9).

De groei van de investeringen in vaste activa in West-Europa bedroeg 2.1% in de jaren 1980. De groei van de investeringen in vaste activa in West-Europa (2,1%) was minder dan de groei van de investeringen in vaste activa in de wereld (2,5%), was minder dan de groei van de investeringen in vaste activa in Europa (2,2%).

Vergelijking met subregio's. De investeringen in vaste activa van West-Europa was groter dan in Oost-Europa (US$327,0 miljard), in Noord-Europa (US$242,8 miljard) en in Zuid-Europa (US$235,2 miljard). De bruto-investeringen in vaste activa per hoofd in West-Europa was in West-Europa groter dan in Noord-Europa (US$2,9 duizend), in Zuid-Europa (US$1.664,7) en in Oost-Europa (US$883,4). De groei van de investeringen in vaste activa in West-Europa was groter dan in Zuid-Europa (2,0%) en in Oost-Europa (1,5%); maar minder dan in Noord-Europa (3,7%).

Leiders. De bruto-investeringen in vaste activa van West-Europa in de jaren 1980 bestond uit: Duitsland (44,3%), Frankrijk (30,6%), Nederland (8,1%), Zwitserland (7,8%), België (4,5%), en andere (4,7%). Het aandeel van de investeringen in vaste activa in BBP van de leiders: Zwitserland (29,4%), Duitsland (24,1%), Frankrijk (22,5%), Nederland (22,5%) en België (20,7%). De bruto-investeringen in vaste activa per hoofd in West-Europa onder de leiders: Zwitserland ($6.519,6), Duitsland ($3.052,1), Nederland ($2.990,9), Frankrijk ($2.907,7) en België ($2.454,6). De groei van de investeringen in vaste activa onder de leiders: Zwitserland (4,2%), België (2,6%), Nederland (2,5%), Frankrijk (2,4%) en Duitsland (1,4%).

de jaren 1990

De investeringen in vaste activa van West-Europa bedroeg in de jaren 1990 US$1,1 biljoen per jaar. Het aandeel in de wereld was 16,3%, en 51,1% in Europa.

Het aandeel van de investeringen in vaste activa in het BBP van West-Europa was 23,0% in de jaren 1990, en was vergelijkbaar met Bahrein (23,0%), Oekraïne (23,0%), Andorra (23,0%).

De investeringen in vaste activa per hoofd in West-Europa was $6.071,1 in de jaren 1990s, en was vergelijkbaar met de Verenigde Staten (US$6,1 duizend). De investeringen in vaste activa per hoofd in West-Europa was in 5,1 keer hoger dan de investeringen in vaste activa per hoofd van de bevolking in de wereld ($1.183,8), en was in 2,1 keer hoger dan de investeringen in vaste activa per hoofd van de bevolking in Europa ($1.183,8).

De groei van de investeringen in vaste activa in West-Europa bedroeg 2.2% in de jaren 1990. De groei van de investeringen in vaste activa in West-Europa (2,2%) was minder dan de groei van de investeringen in vaste activa in de wereld (2,8%), was groter dan de groei van de investeringen in vaste activa in Europa (0,024%).

Vergelijking met subregio's. De bruto-investeringen in vaste activa van West-Europa was groter dan in Zuid-Europa (US$448,4 miljard), in Noord-Europa (US$419,7 miljard) en in Oost-Europa (US$181,8 miljard). De investeringen in vaste activa per hoofd in West-Europa was in West-Europa groter dan in Noord-Europa (US$4,5 duizend), in Zuid-Europa (US$3,1 duizend) en in Oost-Europa (US$588,6). De groei van de investeringen in vaste activa in West-Europa was groter dan in Zuid-Europa (2,1%), in Noord-Europa (1,9%) en in Oost-Europa (-10,5%).

Leiders. De investeringen in vaste activa van West-Europa in de jaren 1990 bestond uit: Duitsland (47,4%), Frankrijk (27,2%), Nederland (8,0%), Zwitserland (7,2%), België (4,9%), en andere (5,3%). Het aandeel van de investeringen in vaste activa in BBP van de leiders: Zwitserland (26,8%), Duitsland (23,9%), Nederland (22,2%), België (21,8%) en Frankrijk (20,9%). De bruto-investeringen in vaste activa per hoofd in West-Europa onder de leiders: Zwitserland ($11.390,5), Duitsland ($6.456,6), Nederland ($5.674,2), België ($5.285,0) en Frankrijk ($5.039,5). De groei van de investeringen in vaste activa onder de leiders: Nederland (4,2%), Duitsland (2,4%), België (2,0%), Frankrijk (1,5%) en Zwitserland (1,2%).

de jaren 2000

De bruto-investeringen in vaste activa van West-Europa bedroeg in de jaren 2000 US$1,4 biljoen per jaar. Het aandeel in de wereld was 13,1%, en 42,8% in Europa.

Het aandeel van de investeringen in vaste activa in het BBP van West-Europa was 21,6% in de jaren 2000, en was vergelijkbaar met de Verenigde Arabische Emiraten (21,6%), Sri Lanka (21,5%), Benin (21,5%).

De investeringen in vaste activa per hoofd in West-Europa was $7.676,4 in de jaren 2000s, en was vergelijkbaar met de Bahama's (US$7,8 duizend), Noord-Europa (US$7,6 duizend), België (US$7,8 duizend). De bruto-investeringen in vaste activa per hoofd in West-Europa was in 4,5 keer hoger dan de investeringen in vaste activa per hoofd van de bevolking in de wereld ($1.690,7), en was 67,2% hoger dan de investeringen in vaste activa per hoofd van de bevolking in Europa ($1.690,7).

De groei van de investeringen in vaste activa in West-Europa bedroeg 0.7% in de jaren 2000, en was vergelijkbaar met Fiji (0,66%). De groei van de investeringen in vaste activa in West-Europa (0,65%) was minder dan de groei van de investeringen in vaste activa in de wereld (3,5%), was minder dan de groei van de investeringen in vaste activa in Europa (1,6%).

Vergelijking met subregio's. De investeringen in vaste activa van West-Europa was groter dan in Zuid-Europa (US$809,6 miljard), in Noord-Europa (US$726,5 miljard) en in Oost-Europa (US$382,8 miljard). De bruto-investeringen in vaste activa per hoofd in West-Europa was in West-Europa groter dan in Noord-Europa (US$7,6 duizend), in Zuid-Europa (US$5,4 duizend) en in Oost-Europa (US$1.281,6). De groei van de investeringen in vaste activa in West-Europa was minder dan in Oost-Europa (7,2%), in Noord-Europa (1,4%) en in Zuid-Europa (1,2%).

Leiders. De bruto-investeringen in vaste activa van West-Europa in de jaren 2000 bestond uit: Duitsland (38,8%), Frankrijk (32,3%), Nederland (9,9%), Zwitserland (7,6%), België (5,7%), en andere (5,6%). Het aandeel van de investeringen in vaste activa in BBP van de leiders: Zwitserland (26,6%), België (22,4%), Frankrijk (22,1%), Nederland (21,4%) en Duitsland (20,2%). De bruto-investeringen in vaste activa per hoofd in West-Europa onder de leiders: Zwitserland ($14.858,3), Nederland ($8.728,5), België ($7.820,8), Frankrijk ($7.386,7) en Duitsland ($6.851,1). De groei van de investeringen in vaste activa onder de leiders: België (2,0%), Frankrijk (1,6%), Zwitserland (1,4%), Nederland (0,97%) en Duitsland (-0,56%).

de jaren 2010

De bruto-investeringen in vaste activa van West-Europa bedroeg in de jaren 2010 US$1,9 biljoen per jaar. Het aandeel in de wereld was 10,0%, en 44,9% in Europa.

Het aandeel van de investeringen in vaste activa in het BBP van West-Europa was 21,7% in de jaren 2010, en was vergelijkbaar met Jamaica (21,6%), Oost-Europa (21,6%), Rusland (21,5%).

De bruto-investeringen in vaste activa per hoofd in West-Europa was $9.954,6 in de jaren 2010s, en was vergelijkbaar met de Nederland (US$10,0 duizend). De bruto-investeringen in vaste activa per hoofd in West-Europa was in 3,8 keer hoger dan de investeringen in vaste activa per hoofd van de bevolking in de wereld ($2.621,1), en was 72,4% hoger dan de investeringen in vaste activa per hoofd van de bevolking in Europa ($2.621,1).

De groei van de investeringen in vaste activa in West-Europa bedroeg 2.4% in de jaren 2010, en was vergelijkbaar met Oekraïne (2,3%). De groei van de investeringen in vaste activa in West-Europa (2,4%) was minder dan de groei van de investeringen in vaste activa in de wereld (4,1%), was groter dan de groei van de investeringen in vaste activa in Europa (2,2%).

Vergelijking met subregio's. De bruto-investeringen in vaste activa van West-Europa was 2,1 keer groter dan in Noord-Europa (US$933,7 miljard), 2,6 keer groter dan in Zuid-Europa (US$739,6 miljard) en 2,8 keer groter dan in Oost-Europa (US$694,0 miljard). De bruto-investeringen in vaste activa per hoofd in West-Europa was in West-Europa9,7% groter dan in Noord-Europa (US$9,1 duizend), 2,1 keer groter dan in Zuid-Europa (US$4,8 duizend) en 4,2 keer groter dan in Oost-Europa (US$2,4 duizend). De groei van de investeringen in vaste activa in West-Europa was groter dan in Oost-Europa (2,2%) en in Zuid-Europa (-0,63%); maar minder dan in Noord-Europa (4,1%).

Leiders. De bruto-investeringen in vaste activa van West-Europa in de jaren 2010 bestond uit: Duitsland (39,0%), Frankrijk (31,1%), Zwitserland (9,2%), Nederland (8,8%), België (6,1%), en andere (5,9%). Het aandeel van de investeringen in vaste activa in BBP van de leiders: Zwitserland (25,3%), België (23,1%), Frankrijk (22,3%), Duitsland (20,6%) en Nederland (19,8%). De bruto-investeringen in vaste activa per hoofd in West-Europa onder de leiders: Zwitserland ($21.599,8), België ($10.402,7), Nederland ($10.015,5), Duitsland ($9.192,9) en Frankrijk ($9.043,1). De groei van de investeringen in vaste activa onder de leiders: Duitsland (2,8%), België (2,5%), Zwitserland (2,4%), Frankrijk (1,9%) en Nederland (1,7%).

www.ingramcontent.com/pod-product-compliance
Lightning Source LLC
Chambersburg PA
CBHW080858220526
45467CB00008B/2548